túnel do tempo

José Sebastião Witter

túnel do tempo

Copyright © 2007 by José Sebastião Witter

Direitos reservados e protegidos pela Lei 9.610 de 19.02.98. É proibida a reprodução total ou parcial sem autorização, por escrito, da editora.

Dados Internacionais de Catalogação na Publicação (CIP)
(Câmara Brasileira do Livro, SP, Brasil)

Witter, José Sebastião
Túnel do tempo / José Sebastião Witter. –
Cotia, SP: Ateliê Editorial, 2007.

ISBN: 978-85-7480-370-8

1. Brasil – História 2. Crônicas brasileiras 3. Jornalismo I. Título.

07-7454   CDD-070.44

Índices para catálogo sistemático:
1. Artigos: Jornal dos Jornais: Jornalismo 070.44

Direitos reservados à
ATELIÊ EDITORIAL
Estrada da Aldeia de Carapicuíba, 897
06709-300 – Cotia (SP) – Brasil
Telefax: (11) 4612-9666
www.atelie.com.br
atelieeditorial@terra.com.br

2007
Foi feito depósito legal
Printed in Brazil

Sumário

O Mestre Bastião – *Moacir Japiassu* 9
Introdução 13
Uma Inesquecível Obra-prima do Cinismo Editorial 17
Chronica da Semana 19
Descaramento: O País Esqueceu Lívio de Castro 23
A Instrução Primária Hoje 24
Machado, o Melhor dos Cronistas com as "Balas de Estalo" 31
11 de Fevereiro de 1885 32
Bilac, Poeta da Prosa Formosa e Cheia de Graça 35
Jornal do Commercio 36
Estadão Defende a, Digamos, Avó da Atual USP 39
A Universidade 40
Euclides, Cronista Republicano de Bom Texto e Boa Fé 43
Dia a Dia 44
João do Rio Levou a Literatura ao Jornalismo 47
A Fome Negra 48
Rui e seu Texto com o Tom do Melhor Discurso 51
A Pátria 51
Evaristo, um Craque do Texto Irônico na Aurora da Imprensa 55
21 de Abril de 1832 56
Cáspite! Nabuco era, Acreditem, um "Escritor Francês" 61
Um Estadista do Império 62

Pedro Taques e o Nascimento do *Correio Paulistano* 67
   Prospecto 68
Carnaval Carioca em Junho. Taí uma Idéia de Milico... 71
   Da Capital 72
Tu, que Olhas esta Página, sê Paciente com Castro Alves 77
   Introdução do Jornal A Luz 78
Breve Visitação à Matéria do Repórter Caminha 83
   Sem Aformosear nem Afear 84
O Dia em que um Certo Barão Criou o Jogo do Bicho 89
   Festa Esplêndida 90
   "O Trabalho" da Época 91
Um Texto Político tão Sonoro como Poema dos Bons 93
   Por Aí 94
O Marechal, num Perfil do Irônico e Genial Guanabara 99
   Marechal Floriano 100
Eça Jornalista, no Ano em que se Celebra sua Morte 103
   O Brasil e Portugal 104
Líder Político de Verdade era Francisco Glicério 109
   Boletim Oficial da Convenção Provisória do Partido
   Republicano Federal 110
O Bonde Chegou ao Rio, Conta o *Diário de Notícias* 117
   10 de Outubro de 1892 118
Os Trabalhadores do Brasil Ouviam a Arte do Discurso 121
   A Boa Imprensa 122
   A Lei de Imprensa 124

O Mestre Bastião

Em 1981 eu trabalhava na *Istoé*, precisava de informações abalizadas acerca das torcidas de futebol e pedi ajuda a um velho amigo e companheiro de Redação, o cientista político Paulo Sérgio Pinheiro. "Procure o diretor do Arquivo do Estado, José Sebastião Witter; é também professor de História do Brasil lá na USP e conhece tudo sobre futebol", disse-me ele.

Pensei que se tratasse de uma "licença poética" de Paulo Sérgio, porque acadêmicos não costumam entender tanto de futebol e a maioria nem gosta desse esporte e de nenhum outro, segundo verifiquei em minha experiência de repórter. Todavia, fui até o Arquivo e pude entrevistar uma preciosa criatura, um professor de vasto saber, com aparência física de menino levado e a simplicidade de quem não esquece as origens humildes; era um catedrático de História do Brasil, ensinava na mais importante Universidade do país, mas o pessoal do bairro do Pari, Zona Leste de São Paulo, o conhecia apenas como Bastião, esforçado auxiliar do estrategista Manolo, técnico dos dentes-de-leite do Serra Morena.

Nos finais de semana, Manolo estacionava o táxi no qual ganhava a vida e ia treinar a meninada que vestia uniforme igual ao do São Paulo Futebol Clube e cuja sede é vizinha do estádio da Portuguesa de Desportos. Com seu sotaque espanholado, distribuía ordens na tentativa de desasnar o time e pedia alguma luz ao auxiliar: "Bastión, você não acha que o meio-campo tá *embolorado*?". É, os craques se amontoavam, se embolavam, e o esperto Bastião sempre oferecia alguma alternativa tática.

Fiz uma boa matéria para *Istoé*, recheada de informações providas pelo auxiliar do Manolo, e ainda recebi, para utilizar em futuros textos, algumas publicações do Arquivo do Estado, onde o professor Witter desenvolvia trabalho exemplar. A partir daquele dia inesquecível passamos a armar juntos o mais eficiente dos esquemas, aquele capaz de ganhar jogos de futebol e ultrapassar os obstáculos da própria vida: a amizade, o "espírito de equipe".

Nunca mais nos separamos. No final de 1998, quando pensei em criar uma revista destinada a estudantes de jornalismo, vieram-me à memória os dentes-de-leite do Serra Morena, todavia descartei a figura do técnico Manolo; eu queria seu antigo auxiliar entre os mestres que deveriam ensinar aos futuros *focas* a ciência do bem pensar e a arte do melhor escrever.

O professor José Sebastião Witter, que pouco tempo antes vivera uma proficiente temporada à frente do Instituto de Estudos Brasileiros, da USP, dirigia, naquele início do verão de 1998, o Museu Paulista da Universidade de São Paulo, esta famosa e formosa instituição, mais conhecida como Museu do Ipiranga. Ali em seu gabinete de trabalho, numa conversa "de homem para homem", Witter entusiasmou-se com o projeto da revista e aceitou o convite para escrever a coluna intitulada "Túnel do Tempo" em *Jornal dos Jornais*.

Nascida pobre, a viver de magro patrocínio conquistado por intermédio da Lei de Incentivo à Cultura, a revista sobreviveu de março de 1999 a dezembro de 2000 e nos 21 capítulos de sua breve existência conquistou a admiração de muitos e o Prêmio Esso de Melhor Contribuição à Imprensa.

Escreveu o professor no primeiro número de *Jornal dos Jornais*:
"O título desta seção já diz tudo; a idéia é familiarizar o leitor com o jornalismo do passado, editoriais ora irônicos, ora abusados ou indignados, bem ao estilo de mestres como Ferreira de Araújo, fundador da [...] *Gazeta* [*de Notícias*], e intelectuais do porte de José do Patrocínio, Medeiros e Albuquerque, Olavo Bilac e tantos outros.

Afinal, vivia-se numa época em que literatura e jornalismo se confundiam – ou melhor, se completavam. O estudo de velhos textos que

o mestre bastião

ajudam a explicar a História do Brasil é fundamental para todos os leitores que desejam formar uma imprescindível cultura jornalística."

Ensinar, eis a tarefa maior deste que se criou numa fazenda de café e conheceu de perto as privações dos que não puderam percorrer as longas distâncias entre a roça e os bancos escolares. Witter foi professor de curso primário, como antigamente era conhecido o primeiro grau, e a revista *Jornal dos Jornais*, apesar da sofisticada aparência, precisava exatamente dessa sua experiência de antigo e singelo preceptor; queríamos ensinar às novas gerações, ermas de conhecimento, que o Brasil não teve dois impérios, mas um império e dois reinados; e que Joaquim José da Silva Xavier não era o Duque de Caxias...

É impossível entender o atual comportamento político deste e de qualquer outro país sem um mínimo da ilustração que somente se encontra no estudo do passado. Um candidato a jornalista, ou a simples cidadão, precisa cultivar a curiosidade intelectual. Sabemos que quem não lê, não pensa; quem não pensa, não escreverá jamais.

O Brasil sofre uma desertificação cultural que se multiplica a cada ano pelos braços cruzados da incúria e tínhamos, nós os sonhadores de *Jornal dos Jornais*, a vanglória de estimular a resistência.

José Sebastião Witter foi convocado para atuar na ponta-de-lança de uma seleção de craques que reunimos na revista e este pequeno livro pereniza aquele trabalho interrompido. Pode-se avaliar, nestas páginas, do quanto se desfalcaram os estudantes com a prematura morte da revista; os dentes-de-leite do jornalismo perderam seu dedicado e talentoso Bastião.

MOACIR JAPIASSU
jornalista e escritor

Introdução

São passados nove anos... Lembro-me, como se fosse agora, da chegada de Mestre Japiassu ao Museu do Ipiranga, oficialmente o Museu Paulista da Universidade de São Paulo, para uma "conversa muito séria", como anunciara pelo telefone. Não era a primeira vez que ele me visitava lá no bairro que viu D. Pedro dar o grito libertador. No Museu eu já estava havia quatro anos, convidado pelo Reitor de então, Professor Flávio Fava de Moraes, no começo de sua gestão. Relutei muito porque pretendia um segundo mandato de diretor no Instituto de Estudos Brasileiros. Julgava que a permanência no cargo possibilitaria o término de meus projetos para o IEB. Além disso, ir ao Ipiranga era fazer "quase uma viagem". Hoje, lembrando da vida vivida naquele Museu e no bairro só tenho a agradecer ao Professor Flávio a sua determinação em não permitir a manutenção dos diretores nos mesmos cargos. Ficou provado que a substituição foi benéfica tanto para o IEB como para o Museu.

Um ano depois da visita de Japiassu e do começo da experiência na revista *Jornal dos Jornais* eu me aposentaria. Deixava a USP e por conseqüência o Museu e iniciaria vida nova, pela insistência de muitos e a decisiva orientação de meu cardiologista e grande amigo Eulógio Martinez Filho, o responsável primeiro por eu ainda estar vivo. Lembro de Eulógio porque ele foi incisivo e emblemático na tomada de posição no que se referia à aposentadoria. Disse ele enfaticamente que aquele era o momento porque, ao assumir novas funções na cidade de Mogi das Cruzes, eu chegaria como um "senhor" recém-aposentado mas em plena forma e não como um "velhinho teimoso" que, aposentado na compulsória (como era meu desejo), iria ocupar o espaço de alguém mais jovem.

Por que toda esta digressão? Não fora pelo apreço que tenho pelos dois grandes mestres Eulógio e Japiassu, ainda há mais. Eles são unidos, coincidência ou não, por uma mesma e bela paixão: a cidade de Cunha (SP). Ambos nutrem um amor imenso pela histórica paisagem onde vive definitivamente Japiassu e para onde o Dr. Eulógio se desloca, quase todo final de semana. Também porque ambos são responsáveis, desde os meus tempos de Arquivo do Estado (1977-1988), por eu não esmorecer diante de tantos obstáculos que a vida nos antepõe.

Este livro foi cogitado faz algum tempo e sempre com o apoio do Japiassu, mas eu custei a me atrever e pedir a outro amigo e incentivador, o Professor Plinio Martins Filho, para incluí-lo entre os títulos de sua conceituada editora, a Ateliê Editorial. Certo dia, ousei fazer a proposta e agora aqui estamos com a função de explicar, do meu ponto de vista, a razão maior de tornar livro uma série de artigos escritos por absoluta insistência do editor de *Jornal dos Jornais*, ele que, em muitas edições, deu forma à matéria, pelo atraso do professor em entregar o texto... Era a seção "Túnel do Tempo". Ela foi idealizada por Japiassu e agora dá o título desta obra. É obra de equipe e de amizade.

Aliás, vou insistir para que ele seja co-autor deste livro e, se não lograr sua autorização, quero que todos, ao lerem a obra, saibam que é um produto realizado a quatro mãos, como é fácil de identificar pela introdução de cada um dos escritos, que traz o estilo inconfundível do grande Mestre. Mais do que isso, salvo numa ou noutra edição, sempre buscamos juntos o melhor texto e a última palavra foi de quem idealizou a revista e cujo objetivo foi sempre o de ensinar. Ensinar a fazer jornais e a conhecer um pouco da História do Brasil, pelos próprios personagens que a escreveram e dela fizeram parte.

Um dos objetivos principais de que os meus escritos fossem reunidos foi o de não deixar perder a memória de um dos empreendimentos mais fortes que eu já vi no meu longo viver. Japiassu fez tudo

túnel do tempo

para que o sonho vingasse. Não conseguiu prosseguir porque, neste país de tantas crises, não se sobrevive sem o "vil metal" (como se dizia do dinheiro, em meus tempos de jovem) e com toda proposta de tantos governos não se teve apoios necessários para fazer de *Jornal dos Jornais* um instrumento de ensino.

Creio que aí está a chave do desaparecimento da revista, pois ela era e pretendia continuar sendo por muito tempo uma ESCOLA que chegava às bancas e poderia ser um veículo portador de novas idéias e estas talvez mudassem algumas coisas. Será que estou sonhando ou, de fato, ensinar era e é perigoso e por isso é melhor que as boas escolas não se mantenham como tal? É para pensar, pois dizem os críticos mais mordazes que, atualmente, se pretendem ingressar em escolas superiores particulares, é melhor que os candidatos omitam de seus currículos o fato de serem mestres e doutores.

Seja pelo que tenha sido, o fato principal é que faltaram patrocinadores para que o projeto de Moacir Japiassu tivesse vida mais longa. Para mim foi, no entanto, mais um período de aprendizagem, principalmente aquela de que fala o prefaciador sobre a nossa trajetória, desde os tempos do Arquivo do Estado, quando "...passamos a armar juntos o mais eficiente dos esquemas, aquele capaz de ganhar jogos de futebol e ultrapassar os obstáculos da própria vida: a amizade, 'o espírito de equipe' ".

E como todos os leitores poderão sentir, o espírito de equipe, mais uma vez, está aqui demonstrado. A AMIZADE, essa é tão forte e tão especial que só aquele que sabe o significado do "ser amigo" é que a pode detectar e bem entender.

Encerrando, quero deixar expresso e registrado, nesta introdução, o meu preito de gratidão ao JAPI, ao Eulógio, ao Manolo e à minha família, que sempre me apoiou e apóia, mais ainda a duas excepcionais figuras humanas: Jorge Nagle e Plinio Martins Filho.

15

Uma Inesquecível Obra-prima do Cinismo Editorial

O título desta obra já diz tudo: a idéia é familiarizar o leitor com o jornalismo do passado, editoriais ora irônicos, ora abusados ou indignados, bem ao estilo de mestres como Ferreira de Araújo, fundador da citada *Gazeta*, e intelectuais do porte de José do Patrocínio, Medeiros e Albuquerque, Olavo Bilac e tantos outros. Afinal, vivia-se numa época em que literatura e jornalismo se confundiam – ou melhor, se completavam. O estudo de velhos textos que ajudam a explicar a História do Brasil é fundamental para todos os leitores que desejam formar uma imprescindível cultura jornalística.

Esta *Chronica* que vem a seguir tem sido um dos textos mais utilizados por mim em diferentes cursos dados na USP ou fora dela. Serviu-me também como um dos suportes documentais da minha tese de Doutoramento, quando estudei o Partido Republicano Federal (PRF). Este partido, pouco citado e muito menos estudado, foi, no meu modo de entender, o modelo das agremiações político-partidárias da República, principalmente nos seus primeiros tempos. Nasceu do esforço e abnegação de Francisco Glicério, existiu por curtíssimo período (entre 1893 e 1897) e seu principal objetivo foi o de eleger Prudente de Moraes, primeiro presidente civil da República.

O PRF foi o primeiro partido organizado no período republicano, depois da extinção de todos por decreto do Governo Provisório. A *Chronica*, no entanto, está ligada diretamente ao processo de mudança do Regime Político no Brasil no final do século XIX. É um texto bem-humorado e até sarcástico sobre a Proclamação da República e suas conseqüências. Trata-se de um editorial da *Gazeta de*

Notícias, do Rio de Janeiro, e aponta aquele fenômeno que conhecemos hoje como fisiologismo – para o redator daquele tempo, a palavra era mais simples: adesismo, arte de se agarrar às chamadas tetas do poder com a devida presteza.

Quem terá escrito esta obra-prima do melhor cinismo editorial? Talvez o próprio diretor da *Gazeta*, Ferreira de Araújo, profissional brilhante e empreendedor. Nas palavras de um seu cronista, Olavo Bilac, "o jornalismo, quando compreendido como compreendeu Ferreira de Araújo, é arte, e é poesia". Esta *Chronica*, como o leitor verá, é arte e é poesia. Teria nascido da generosa lavra do dono da *Gazeta*? O que importa, porém, é que o editorialista registrou um momento decisivo da vida brasileira, em escorreito e saboroso estilo.

O terceiro parágrafo é exemplar: "[...] A bem dizer, e com franqueza, não aderir seria neste momento a posição mais interessante para aquele que amasse a notoriedade; tão certo é que do Amazonas ao Prata, salva a exceção ímpar da *Tribuna Liberal*, toda a população brasileira descobriu no dia 16 do andante que era republicana até os ossos, republicana dos quatro costados, republicana de família, como vício ou como herança que fosse".

Chamo a atenção do leitor para este outro parágrafo: "[...] Em toda a parte, adesões, protestos firmes, entusiásticos, a descoberta de existir desde há muito a fibra do republicanismo em cada coração de patriota, e a declaração pública de antigo e inveterado amor à Instituição que tantos apodos e desgostos valeu a Silva Jardim, a [Lopes] Trovão, a Saldanha Marinho, ao próprio senhor Quintino Bocayuva – aos visionários de anteontem, alvo de remoques até pouco tempo, hoje videntes e profetas inspirados..."

Como se pode verificar, o editorial traz o saber do momento; é, decerto, pontual e datado, porém traduz aquilo que se está vivenciando na Capital da República, naquele mesmo instante em que a mudança acontece. É o momento histórico da transição, registrado por um experimentado e talentoso jornalista/escritor. Aconselho a leitura e rogo ao prezado leitor que desse exercício extraia as lições que oferece.

CHRONICA DA SEMANA

Cidadãos. O cidadão cronista participa-vos que também adere. Saúde e fraternidade. Pois que foi esta a nota dominante da semana – as adesões – convém deixar desde já expresso que a Chronica, não tendo razões especiais para pensar de diverso modo, procura o seu minúsculo lugar no vasto adesivo em que há pouco transformou-se este país, e vem, sem filarmônica nem discurso engatilhado, dizer aos cidadãos governados que a sua aderência é completa.

A bem dizer, e com franqueza, não aderir seria neste momento a posição mais interessante para aquele que amasse a notoriedade; tão certo é que do Amazonas ao Prata, salva a exceção ímpar da Tribuna Liberal, toda a população brasileira descobriu no dia 16 do andante que era republicana até os ossos, republicana dos quatro costados, republicana de família, como vício ou como herança que fosse.

Mas a notoriedade é um perigo, e que o diga o próprio Governo Provisório, que mais trabalho tem tido em aturar os aderentes, do que os passados governos monárquicos em colocar os seus parentes. Uma chusma, cidadãos; uma chusma de convencidos, de discursadores e de declarantes, que, grupo por grupo, ou um a um, tem vindo ao quartel-general fazer as suas declarações e protestos, sem se recordar que de mais importantes assuntos cura neste momento o governo, que sobre seus ombros tomou tão graves responsabilidades! Menos aderentes, um grupo de resistência – e o Governo Provisório teria talvez maior satisfação ao completar a obra estupenda realizada com tal felicidade, com tão assombroso resultado.

Ao general Deodoro, por exemplo, deve ter custado um pouco aturar tantos aderentes. Deixando o leito, onde estava enfermo, e saindo à rua a dar batalha ao derradeiro ministério da monarquia, tudo podia esperar o bravo marechal, menos o que lhe sucedeu: supunha ter de lutar, de ouvir passarem junto a si as balas, e afinal de contas, em vez de metralha, retórica; em vez de cheiro de pólvora, a massada dos discursos! Não só dos representantes do sexo barbado, mas até do belo sexo; das senhoras, que até agora de assuntos tão alheios à política cuidavam, tem o Governo Provisório recebido adesões! Aderem em grupo, e assim, evidenciada a tendência adesiva da quadra anormal que atravessamos, – lastimemos o pobre do *Souvenir*, que doravante não mais fará a crônica elegante das *fanfreluches*... mas das aderências e concomitantes opiniões políticas do sexo fraco!

Crianças das escolas, meninas que na véspera se entretinham em fazer vestuários para suas bonecas, arregimentam-se e vão ao quartel-general dizer ao governo... que também aderem. A classe médica, que ainda não encontrou ensejo de congregar-se para constituir uma associação beneficente, desta vez encontrou ensejo oportuno para reunir-se, e, formada em batalhão patriótico, armado de bisturis e de esmagadores de Chassaignac, marcha para o Campo da Aclamação e vai até o Governo Provisório dizer, como as crianças acima referidas, que também adere! Enquanto isso, enquanto a classe dos Esculápios converte-se em enorme lençol de esparadrapo, os doentes aguardam a visita diurna, pacientemente – talvez convencidos de que em geral os batalhões patrióticos formam-se depois da refrega, após o perigo, à hora amarga, arriscada, da luta; e então, os empregados dos cemitérios têm talvez o seu momento de descanso, vendo o batalhão distraído em política recreativa...

Em toda a parte, adesões, protestos firmes, entusiásticos, a descoberta de existir desde há muito a fibra do republicanismo em cada coração de patriota, e a declaração pública de antigo e inveterado amor à Instituição que tantos apodos e desgostos valeu a Silva Jardim, a Trovão, a Saldanha Marinho, ao próprio senhor Quintino Bocayuva – aos visionários de anteontem, alvo de remoques até pouco tempo, hoje videntes e profetas inspirados. Antes assim – máxime se, por honrosa razão, for explicada a aderite que afetou como epidemia a população do Brasil. Dir-se-á que existia no cérebro do povo a idéia latente do republicanismo, mas no coração o afeto entranhado ao que foi o nosso imperador, a esse velho patriota, desinteressado e probo, que neste momento expia a culpa alheia, daqueles que negaram até a última o seu estado de enfermidade; que só no derradeiro momento juram que o ex-imperador tudo ignorava – esquecidos do

túnel do tempo

mal que disseram de quem teve a coragem patriótica e o dever cívico de denunciar ao país, e particularmente à família do enfermo, o seu estado, e o seqüestro moral e pessoal em que vivia...

Dir-se-á que, em luta a delicadeza do sentimento afetivo com a firmeza da idéia política, a população hesitava e emudecia; mas que hoje, não existindo a peia oferecida pelo coração, a razão surgiu ovante e com ela a convicção republicana, tanto mais entusiástica e avigorada, quão sopitada foi durante largo período... Será. Mas onde o protesto, a observação delicada contra certos atos que ferem, não a monarquia condenada, mas o brasileiro que vai alto-mar, no caminho do exílio – exílio necessário e inevitável, por seu próprio interesse, no intuito de melhor garantir a pátria, que ele tanto amou?

Riscou-se do dicionário oficial a denominação Pedro II, como se fora vergonha infamante para a pátria. A primeira estrada de ferro do país passa a chamar-se Estrada Central, o dique tal denominar-se-á Quinze de Novembro, para não mais ser de Pedro II; e do próprio colégio, que era e foi sempre a sua menina dos olhos, tira-se esse nome, para substituí-lo pelo de Instituto Nacional. De acordo que a galeota imperial passe a ser a galeota Liberdade, pois não há mais nada imperial; que se denomine rua Major Sólon – o nome do grande propugnador da República – a rua do Imperador pois já não temos imperador; que da bandeira nacional, como dos bonés e botões das fardas, do pano dos reposteiros, dos papéis das secretárias, seja retirada a coroa imperial, por isso que, felizmente para nós, tal emblema já não nos cabe.

Mas por que arrancar o nome daquele que foi durante mais de meio século um bom patriota, um cidadão querido e estimado, e que, vitimado pela cruel moléstia de que se aproveitaram arrojados especuladores, não teve culpas que o tornem um réprobo, crimes que justifiquem ser necessário não lembrar o seu nome à inteligência dos brasileiros nascituros?

Há lugar para ambas as coisas: para a convicção republicana, a mais firme e mais pura, e para o respeito e estima pelo ex-imperador e até há pouco primeiro cidadão do Império; – e era no meio dessa corrente enorme de aderências que caudalosamente se despenha de

21

toda a parte sobre o patriótico governo provisório, que se poderia fazer ouvir uma palavra amiga e piedosa, suplicando em favor unicamente do nome do rei decaído, mas não criminoso; irresponsável, não segundo a letra da finada Constituição, mas conforme o arresto fatal da moléstia que a perfídia a mais audaciosa procurou encobrir até a hora derradeira. E essa palavra piedosa não veio, porque...

O governo provisório anuncia várias reformas progressistas, adiantadas, que representam o complemento necessário do seu programa de reformas liberais: casamento civil, grande naturalização, liberdade de cultos, etc. Por que não adiantar um pouco? – Instrução obrigatória, e educação do caráter nacional – eis o verdadeiro complemento de todas as reformas anunciadas. Quem escreve estas linhas não precisa dar provas do seu republicanismo; deu-as quando, nos tempos nefastos, não era criminoso, era ridículo, o cidadão republicano. Também não é suspeito de afeição particular, ou ligação privada à família imperial deposta: caro pagou ter dito um dia a verdade sobre a moléstia do imperador. E é por isso mesmo que, aplaudindo o advento da república, pensa que melhor e mais correto seria o cidadão que aceita de coração a república deixar-se ficar quieto, trabalhar por ela, auxiliar o governo provisório, que tanto tem de que se ocupar, e sobretudo deixá-lo em paz – para que a república não se queixe, como outrora a monarquia, dos parentes e aderentes, tão semelhantes entre si.

Gazeta de Notícias
Rio de Janeiro

Descaramento: O País Esqueceu Lívio de Castro

A Nação vivia os estertores da Monarquia e o chamado Município Neutro (a cidade do Rio de Janeiro), onde estava instalada a Corte, fervia nos caldeirões da politicagem. Boa parte da Imprensa, habituada à futilidade dos folhetins e à linguagem dos panfletos, perdera o respeito pelas barbas do imperador e clamava pela República. Eram editoriais, artigos, crônicas, poeminhas e poemetos de deboche. Fazia-se oposição pela oposição. Raros eram os textos com conteúdo e os leitores ignoravam por que a Monarquia não servia mais para o Brasil. O *Estadão* ainda se chamava *A Província de S. Paulo* (mudaria o título depois da Proclamação da República) e abria suas páginas aos jovens intelectuais cariocas. Preferia, porém, colaboradores que fizessem "oposição construtiva", como se dizia e ainda se diz. Um desses jovens, estudante de medicina, escritor e crítico literário, era Lívio de Castro.

Tito Lívio de Castro, mulato, menino enjeitado que um comerciante português criou e educou, viveu apenas 26 anos (1864-1890), mas absolutamente vertiginosos. Sua tese de doutoramento, de 1889, intitulada *A Mulher e a Sociogenia*, foi publicada postumamente e vista pelos luminares da época como um verdadeiro tratado acerca das ilusões e alucinações em psiquiatria.

No dizer do crítico Sílvio Romero, Lívio de Castro, "com sua capacidade científica e espírito construtor, é um dos representantes máximos das raças cruzadas no Brasil" ao lado de José do Patrocínio, Tobias Barreto e André Rebouças. O leitor há de observar, neste artigo intitulado "A Instrução Primária Hoje" (*A Província de S. Paulo*, 17.10.1888), que Lívio de Castro, com o rigor que sua formação científica exigia, faz oposição à política do ensino primário da agonizante Monarquia, porém oposição com números, dados, pesquisa. Como realmente se deve fazer política. E como se deveria fazer jornalismo em qualquer época.

P.S. – Depois de bem examinar o artigo de Lívio de Castro, assaltou-me a seguinte dúvida, dúvida que desejo compartilhar com o leitor: será que, depois de 111 anos de agruras, nosso ensino primário melhorou? De minha parte, creio que não, principalmente após a extinção das escolas normais; hoje, como ontem, há crianças demais e professores (competentes) de menos.

A Instrução Primária Hoje

Se não é justo responsabilizar o presente pelos erros do passado, não será justo responsabilizar o futuro pelos erros do presente. Mas não é possível fugir assim interminavelmente à responsabilidade. Endereçada às velhas gerações a censura que lhes pertence como causadoras do mal de hoje, vejamos nosso proceder para as gerações futuras. Hoje são raríssimos os que sabem ler, quantos o saberão no futuro?

Segundo as mais recentes verificações, o Município Neutro proporciona instrução elementar a 39,68% de sua população escolar masculina.

Quer isto dizer que persistimos na rotina. No Rio de Janeiro, recebem instrução 28,77% da população escolar masculina; no Pará, 24,15%; no Amazonas, 21,41%; em Mato Grosso, 20,59%; no Rio Grande do Sul, 18,72%; Rio Grande do Norte, 18,47%; Sergipe, 16,91%; Santa Catarina, 14,88%; Minas, 13,92%; Maranhão, 12,02%; Paraná, 15,5%; Goiás, 10,11%; São Paulo, 9,88%; Alagoas, 9,41%; Bahia, 8,85%; Pernambuco, 7,39%; Ceará, 6,63%; Paraíba, 5,6%.

Note-se bem isso. Trata-se de instrução elementar ao sexo masculino. Trata-se da distribuição da ferramenta para os trabalhos mentais das gerações futuras.

A instrução proporcionada à população escolar feminina ainda é menor: Município Neutro, 28,18%; Rio de Janeiro, 14,16%; Rio

túnel do tempo

Grande do Sul, 12,81%; Sergipe, 15,52%; Pará, 11,19%; Santa Catarina, 8,42%; Amazonas, 8,35%; Alagoas, 7,47%; Paraná, 6,31%; Rio Grande do Norte, 6,2%; São Paulo, 5,97%; Pernambuco, 5,7%; Ceará, 4,71%; Maranhão, 4,01%; Minas, 3,69%; Goiás, 3,32%; Mato Grosso, 2,77%; Bahia, 2,74%; Paraíba, 2,02%.

Há províncias em que recebem instrução elementar 6, 5, 4, 3, 2 meninas por 100! Aí está uma geração quase tão humana como se fora constituída por monstros acéfalos, uma geração para a qual a instrução elementar, os princípios rudimentares da atividade cerebral contemporânea não existem. É mais difícil encontrar, em certas províncias, duas meninas que saibam ler do que encontrar dois gênios em um mesmo povo, em uma mesma época.

E essa decantada centralização deixa afogar-se na ignorância o espírito de todo o povo brasileiro a pretexto de bem dirigi-lo; essa decantada centralização que monopoliza as forças do País inteiro em benefício da capital dá em resultado como compensação da ignorância das províncias essa gloriosa miséria de 39,68% dos meninos e 28,18% das meninas recebendo instrução. Para isso, para esse ridículo resultado, manieta-se a iniciativa local das províncias presas no círculo de ferro da vontade do governo.

"Nossas províncias", diz Tavares Bastos, "mudaram de ano, mas o sistema de governo não mudou".

Com efeito, quando o Brasil era colônia, a metrópole procedia como os governos que se sucedem; não é de admirar que sendo ainda hoje o mesmo espírito imprevidente quem nos dirige depois de meio século de Independência, depois de meio século de vida autonômica, as nossas províncias estejam nesse vergonhoso estado.

Comparemos o estado da instrução elementar no Brasil com o da mesma instrução na República Argentina. Os dados são fornecidos pelo Annuaire Statistique de la Province de Buenos Ayres – 1883. Dirão, talvez, que a comparação não está bem estabelecida porque ao lado do Brasil em 1875 coloca-se a República Argentina em 1883, mas isso tem pouco valor. Se em 1875 a República Argentina estivesse onde hoje estamos e caminhasse como caminhamos, não seria

25

hoje o que é, seria o que nós somos. Se fora possível representar aqui um traçado de fácil inspeção, ver-se-ia nessa afirmação alguma coisa mais do que uma descoberta de M. de la Palisse.

Para destruir radicalmente a objeção, mostraremos que o Brasil de 1885 é quase o mesmo, senão o mesmo, de 1875.

Se não estabelecemos a comparação entre a República Argentina e o Brasil daquela época, é porque os algarismos obtidos não se referem a todo o País, nem mesmo a quase todo. Ainda hoje se ignora oficialmente a demografia pátria.

A primeira coisa que se nota comparando os traçados da instrução primária é que a máxima difusão da instrução no Brasil é insignificante em relação aos máximos da República Argentina. No Brasil, os máximos são Município Neutro, 34%; Rio de Janeiro, 21%; Pará, 18%. Na República Argentina há: La Plata, 59%; Maartins Garcia, 55%; Corrientes, 29%, etc. Outra observação: somente em dois pontos os algarismos descem ao mínimo que representa metade das províncias do Brasil. Somente em Santiago e Missões a proporção é menos do que 10%, ao passo que, no Brasil, Maranhão, Ceará, Paraíba, Pernambuco, Alagoas, Bahia, São Paulo, Paraná, Minas e Goiás estão abaixo desse nível.

Finalmente, é quase inútil dizer, a média argentina é superior à brasileira. Os alfabetizados na população escolar brasileira são em número de 9,32%; na República Argentina, 25,2%. Não há comentários possíveis.

Se se pretende ocultar o mal dizendo que ele não é da atualidade, não se consegue enganar a pessoa alguma. Presente e passado não se distinguem. Isso foi assim em 1875 e é hoje. Em 1878 não havia mudança alguma. Os documentos obtidos em relação a essa época referem-se tãosomente a 15 províncias, porque as outras nada informaram. Mas 15 províncias são mais que suficientes para a média geral.

Dentre essas províncias, as mais progressistas são aquelas cujo número de alfabetizados na população escolar masculina é em relação à população geral de 6,1%, como no Pará; 5,4%, no Rio Grande do Sul; e 5,7% em Mato Grosso. São as mais progressistas dentre as

túnel do tempo

15! Na Bahia, Paraná, Minas e Goiás, 2,3%; em Alagoas, 2,2%; no Ceará, 1,85%; na Paraíba, 1,5%.

O número de alunos é nulo em relação aos habitantes, nulo porque não significa outra coisa a porcentagem ridícula das meninas que recebem instrução.

O número mais elevado encontra-se no Rio Grande do Sul, 3,3%. Na Bahia, há 1,15%; no Rio Grande do Norte, 0,9%; em Minas Gerais, 0,95%; em Goiás e Mato Grosso, 0,8%; na Paraíba, 0,65%. Eis aí o futuro.

Ainda não é tudo. Parece impossível existir alguma coisa pior, mas tratando-se de Brasil é preciso estar disposto a encontrar uma ilimitada série de absurdos e cúmulos dispostos hierarquicamente.

Os algarismos referidos indicam o número de alunos em proporção aos habitantes, o cálculo baseia-se na matrícula. Mas não basta que a criança se matricule em uma escola para se afirmar que ela sabe ler e escrever. Há, portanto, um exagerado otimismo em tal cálculo.

Para aprender é necessário freqüência. O menino que vai à escola um dia e não vai no dia seguinte não somente desaprende em um dia o que aprendeu na véspera, mas também não adquire o hábito de estudar, o hábito de aprender. Recomeçando sempre o mesmo trabalho, ele sente aversão pelo estudo, e estudar sem prazer não é estudar.

A estatística só pode considerar como instruídos aqueles que freqüentam a escola regularmente, por isso que o grande público não dá instrução, não dá o que possui. Esse modo de considerar é ainda muito otimista porque da condição indispensável para o aproveitamento – a freqüência – faz um sinônimo de saber, é todavia admissível.

Qual é, pois, a freqüência nas escolas? As médias mais elevadas são as do Ceará, 44 alunos; Mato Grosso, 42; Bahia e Santa Catarina, 40; Pará, 38; e Minas, 36. Em Goiás, a média da freqüência é de 23; em Alagoas, 22; no Pará, 17. A média mais elevada é de 44 alunos. Muito maior é a média de freqüência das Conferências da Glória.

Se o governo desconhece o mal, certamente desconhece o remédio. Não pretendemos ter descoberto a causa desse lamentável estado; todavia, o fato parece-nos explicável atribuindo-se aos pais e filhos, em parte, e em parte aos mestres e governo. Os pais que mandam os filhos para a escola, eles que, principalmente em nosso país, não se fazem notar pelo alto nível intelectual, não têm perfeita compreensão do que é a instrução; não vêem sua utilidade imediata e por isso duvidam muito das vantagens futuras. Além disso, as escolas são criadas principalmente para as classes pobres e o pobre vê na criança um estômago que consome e, portanto, um braço cujo dever é trabalhar.

A criança é distraída da escola para auxiliar seus pais na medida de suas forças.

O filho do pobre tem de pagar aos pais a vida que lhe deram; para ele, a vida não é um presente, é uma compra, e uma compra forçada. A criança reparte-se, pois, entre o estudo e o trabalho braçal. Na escola, nada há de atraente.

A criança procura os folguedos e em vez de encaminhar-se a força excessiva do organismo para um estudo que não tenha aparências de estudo, procura-se reprimir o que é natural, fisiológico, o que é absolutamente indispensável para o desenvolvimento regular do indivíduo.

Procura-se pela imposição, pela brutalidade, pelo terror, aniquilar a espontaneidade orgânica diante de um mestre que a criança não entende, que a obriga a trabalhos sistematicamente penosos, deprimentes, nocivos.

"A criança", diz Gama Roza, "entre lágrimas, é lançada ao mestre-escola, esse magarefe da infância, às vezes feroz, outras vezes grotesco, mas sempre pedagogo, isto é, rotineiro, ignorante e charlatão, o qual vai dar remate à obra já tão eficazmente iniciada".

Não farei a injúria de me referir a todos; à quase totalidade, porém. Começa a asfixia intelectual pelo *abc* automaticamente decorado, e pela tabuada dos *noves-fora*, e acaba pelas leituras obsoletas, extravagantes de qualquer carunchoso Bernardes ou Lucena, escritores sem dúvida muito notáveis na sua época, mas que, atualmente, não podem ser entendidos e apreciados, e muito menos por uma criança.

Em casa, os pais não procuram nem podem auxiliar os filhos.

Aqueles que só de longe conhecem o saber pensam que ele se conquista como a vitória nos pugilatos.

Mestres e pais adotam a tradição de que a pancada fortifica a inteligência e dá gosto pelo estudo, tradição tão antiga e tão seguida que é admirável como ainda não se converteram em talentos geniais os quadrúpedes que andam entre os varais dos carros.

Finalmente, para completar a etiologia, o governo no gabinete de audiências traça às pessoas o método de ensino para todo o País, determina as horas de descanso, as horas de estudo, os modelos das lições, tudo em nome de uma fisiologia e de uma psicologia inerentes à pasta em que se guardam as circulares eleitorais e as promoções da guarda nacional.

Eis o ensino primário ou que menor nome tenha, porque pode-se discutir se isso é realmente ensino.

A Província de S. Paulo
17 de outubro de 1888

Machado, o Melhor dos Cronistas com as "Balas de Estalo"

Seria de todo inimaginável que um veterano professor de História do Brasil não caísse em tentação ao deparar com algum texto referente à política praticada no Segundo Império. Mesmo que esse texto seja de Machado de Assis (e isso, por si só, poderia excluir tudo o mais que não fosse a fremosura do estilo), creio ser fundamental, antes da prazerosa leitura, alertar o prezado leitor acerca do período em que foi publicada esta crônica.

A data, 11 de fevereiro de 1885, nos leva aos tempos da transição entre os gabinetes liberais de Manuel Pinto de Souza Dantas e José Antonio Saraiva, o Conselheiro Saraiva, ambos baianos e liberais. Sob a presidência de Dantas, o Conselho de Ministros concluiu o Projeto de Lei que, aprovado no ano seguinte, já sob Saraiva, libertaria os escravos maiores de 60 anos. Ficou conhecida como Lei dos Sexagenários e também Lei de 28 de setembro.

Eram tempos de grande instabilidade política. Basta lembrar que, ainda em 1885, cai o liberal Saraiva e sobe o conservador e também baiano João Maurício Wanderley, Barão de Cotegipe. Ministro de várias pastas nas décadas de 1860 e 1870, quando pontificava o Partido Conservador, é no Gabinete Cotegipe que a questão militar pega fogo e adquire as proporções conspiratórias que levam à Proclamação da República, em 1889. Para melhor compreensão desse período, recomendo a leitura de *Um Estadista do Império*, de Joaquim Nabuco.

A Corte acompanhava o sobe-e-desce dos gabinetes como hoje a torcida se diverte com o troca-troca dos técnicos de futebol. Cronista da *Gazeta de Notícias*, substituído mais tarde por Olavo Bilac,

Machado deitou e rolou. Irônico, mordaz, ele assistia aos debates da Câmara com aquele desprezo que depois, na redação, inspirava sua pena de fantasia. Existia vida inteligente na politicagem do Segundo Império, é verdade, porém ali pastavam verdadeiras antas, certamente irmãs daquelas que forneciam couro para as botas do "aparelho" capaz de proteger quem se arriscasse a freqüentar as sessões da câmara. Assim mesmo, com inicial minúscula, que não merecia tratamento gráfico melhor.

Sob o pseudônimo de Lelio, Machado dividiu espaço na *Gazeta* com outros seis cronistas, incluindo o grande Ferreira de Araújo, dono do jornal, que assinava como Lulu Sênior; um a cada dia da semana, formavam o pelotão da coluna "Balas de Estalo". Os textos machadianos foram publicados em livro mas nenhum apresenta coletânea tão completa como *Balas de Estalo de Machado de Assis*, da Annablume, organização da pesquisadora Heloisa Helena Paiva de Luca. Aqui estão reunidas todas as crônicas já conhecidas e dispersas, e Heloisa ainda premia o leitor com uma *bala* rigorosamente inédita. É obra indispensável, reveladora de um dos inúmeros talentos de Machado de Assis, em cujo universo o leitor pode mergulhar a partir das linhas que se seguem.

11 DE FEVEREIRO DE 1885

Vão começar as sessões preparatórias. Um amigo meu, persuadido de que a curiosidade política deve ser protegida contra as calamidades eventuais, imaginou um aparelho para as pessoas que quiserem assistir às sessões da câmara e voltar para casa intactas.

Fui ontem ver esse aparelho em casa dele, Beco dos Aflitos n. 67, loja. A casa é pequena, e está abarrotada, porque há um mês que ele trabalha nisto, e já tem vinte exemplares prontos, à espera dos fregueses. Realmente, é um primor de engenho e segurança.

Começa por uma camisa de flanela e aço – flanela por dentro e aço por fora – muito fina e sólida. Não tem braços e não desce da cintura. Sobre ela enfia-se uma vestidura inteiriça, desde o pescoço até aos pés, com braços e pernas, e toda de couro de boi. Vem depois igual vestidura de aço, um pouco mais grosso que o da camisa, mas ainda assim fino, para não sobrecarregar a pessoa. A quarta vestidura é de uma espécie de palma; que, segundo ele me afirma, tem a qualidade de repelir os golpes; e para reforçá-la, o inventor forrou-a de uma camada de borracha, de um centímetro de grossura, perfeitamente ligada.

Não se pense que acabou. Assim preparada, a pessoa veste uma camisa branca, de platina, tão bem feita que parece linho puro. O colete é de um metal combinado, cujo segredo ele me não revelou, nem eu insisti em pedir-lho; digo só que é perfeitamente cômodo, não tolhe a respiração, nem os movimentos. Desse mesmo metal são as calças. A sobrecasaca é a usual, mas de um pano grosso e forte, e acolchoado no peito e nas costas com estopa.

As botas são de couro de anta, forradas de aço, com muito sebo nos calcanhares, para lances imprevistos. São mais largas que as outras, para não magoar os pés. Meias de camurça.

A gravata, que é de ferro fundido, da fábrica de Ipanema, saiu tão boa que pode ser usada nos dias ordinários, por gosto. O chapéu é de latão grosso, pintado de preto; é a parte mais importante e perfeita do aparelho.

Naturalmente há luvas. São de duas qualidades, de couro de boi ou de camurça, com chumaço por dentro, a fim de amortecer qualquer golpe; entretanto, o inventor aconselha que, ainda assim, será prudente trazer as mãos nas algibeiras.

Está acabado? Não. Ele previu tudo, e tudo remediou. Considerando que, a despeito da segurança que oferece o invento, pode acontecer que algumas vezes os discursos metam medo aos ouvintes, por causa das apóstrofes duras e inflamadas, fez um aparelho especial para as orelhas, composto de duas chapas grossas, que impedem completamente a audição.

Mas a vista não pode produzir igual efeito, e até pior, porque sem ouvir as palavras trocadas, o espectador imaginará, muitas vezes, coisa mais grave do que realmente estiverem dizendo? Pode; e é por isso que a última peça do aparelho é um par de óculos pretos, que não deixam de ver mais que um palmo adiante do nariz.

Não é tudo. Há dois homens no homem, e não basta premunir o físico para resguardar o moral. Foi o que o meu amigo compreendeu; lembrou-se da expressão da Escritura: "A minha fortaleza é o Senhor", e, para tranqüilizar as consciências católicas, contratou dois padres, que se incumbem de as ouvir de confissão e absolve-as, antes de irem para a câmara. Receberá por isso uns cinco por cento mais do preço fixado para o aparelho.

Digo, independente da amizade, que acho este aparelho o melhor que se pode ter nas circunstâncias apertadas em que nos achamos. Vão vê-lo, e concordarão comigo. Olhem que é no Beco dos Aflitos n. 67, loja. Não confundam com a casa n. 77, onde mora um concorrente do inventor, que afiança ter descoberto coisa melhor – que é deixar-se cada um ficar em casa. A inveja matou Caim. Não demos apoio aos exploradores dos que trabalham. Vão ao n. 67, casa do José Cândido. O nome todo é José Cândido da Silva; mas toda a gente o conhece por José Cândido – ou Candinho das Moças. Vão, vistam-se, dirijam-se para a câmara e jantarão em paz com a família. Senão, não – como nas antigas cortes portuguesas.

LELIO
Gazeta de Notícias

Bilac, Poeta da Prosa Formosa e Cheia de Graça

O Bilac cronista era conhecido de poucos, pouquíssimos; talvez gozassem de sua intimidade apenas esses fanáticos, semi-agregados de bibliotecas públicas ou então os silenciosos e pacientes garimpeiros de alfarrábios a quem chamamos de ratos de livraria – mas aquelas livrarias empoeiradas, meio escondidas entre cortiços: sebos, melhor dizendo.

Ali era possível encontrar algum malconservado exemplar de *Ironia e Piedade*, com textos publicados na *Gazeta de Notícias*, do Rio de Janeiro, que Bilac reuniu em livro em 1900 e o ofereceu a Ferreira de Araújo, fundador e grande comandante do jornal.

Em 1996 veio a lume, pela Nova Aguilar, a *Obra Reunida* do poeta-cronista, organizada por Alexei Bueno; lá estava, para celebração geral, *Ironia e Piedade*; no mesmo ano, Antonio Dimas organizou, para a Companhia das Letras, em formato de bolso, o volume intitulado *Vossa Insolência*, com textos que Bilac publicou na *Gazeta* a partir de 1897, quando substituiu outro cronista amado pelos leitores: ninguém menos que Machado de Assis. *Vossa Insolência* não se limita, porém, aos textos da *Gazeta*; empreende vilegiatura pelos mais diversos jornais e revistas por onde passeou, cultíssima e bela, a pena do parnasiano Olavo Braz Martins dos Guimarães Bilac, ilustre membro do Conselho Editorial desta revista, cujo nome acalenta as doze sílabas de um perfeito verso alexandrino: o-la-vo-braz-mar-tins-dos-gui-ma-rães-bi-lac.

O texto escolhido foi publicado no *Correio Paulistano* em 18 de julho de 1908, e festeja a grande reforma gráfica e editorial do *Jornal do Commercio* (por lição conservadora, manteremos aqui a grafia original), apelidado, como revela Bilac, de mastodonte. Peço a atenção do leitor para o estilo devastadoramente irônico do cronista, ao dissecar o jornalão "em cujas colunas nunca aparecia um sorriso".

"[...] O seu bom senso chegava às raias da tolice; e a melancolia do estilo dos seus redatores dava à gente idéias de suicídio. Não era um jornal: era uma máquina de moer notícias. Não tinha idéias; tinha movimentos instintivos", escreveu o autor da letra do *Hino à Bandeira Nacional*.

Decerto que o *Jornal do Commercio* não era propriamente um refrigério à alma dos leitores. No livro *Jornal, História e Técnica* (Ática), que faço questão de recomendar aos leitores, principalmente estudantes, Juarez Bahia diz: "O *Jornal do Commercio*, do Rio de Janeiro, é de 1º de Outubro de 1827 [...] Nos primeiros meses é exclusivamente uma súmula de notícias mercantis e marítimas. De 1828 em diante, torna-se 'comercial e político'. Poucos anos depois é o jornal mais importante do País, expressão da opinião conservadora".

Era assim o mastodonte do início do século, que havia aposentado a cartola, porém o pesadíssimo sobretudo de sua paginação não permitia ao leitor festejar o "moderno" chapéu de palhinha. Bilac louvava o atrevimento gráfico do *Jornal do Commercio*, mas também exigia ilustrações ("gravuras"); e nosso poeta, que tanto amava a língua portuguesa, fazia concessão ao modismo e cobrava "uma seção de smartismo, como 'O Binóculo'". Smartismo, do inglês *smart*. Bilac, como tantos leitores de sua época, gostaria de ver no jornalão uma coluna de bastidores; uma coluna esperta.

Jornal do Commercio

Muitos velhos leitores do *Jornal do Commercio*, amigos fiéis da tradição, escravos dos seus hábitos, tiveram há dias um movimento de surpresa e desgosto, quando viram a folha transformada, menor, mais bem paginada, de leitura mais fácil. A reforma não foi tão radical como poderia e deveria ter sido; mas, ainda que incompleta, bastou para surpreender os sexagenários e septuagenários que encaram com horror toda novidade.

O *Jornal do Commercio*, entretanto, está sendo há bastantes anos trabalhado por uma revolução íntima, que, sendo dirigida com muito tato e muita prudência pelo atilado espírito do dr. José Carlos Rodrigues, tem passado quase despercebida.

Ainda tenho bem presente à memória o que era essa folha na minha adolescência, quando o meu espírito se ensaiava na vida das letras e da imprensa diária. Nós todos, rapazes daquele tempo, dávamos ao *Jornal* o apelido de "mastodonte". E bem o merecia a grave, pesada, seriíssima e formidável folha, em cujas colunas nunca aparecia um sorriso. O grande órgão era, ao mesmo tempo, um conselheiro Acácio e um gato-pingado. Nele, a gravidade e a tristeza se confundiam de modo íntimo. O seu bom senso chegava às raias da tolice; e a melancolia do estilo dos seus redatores dava à gente idéias de suicídio. Não era um jornal: era uma máquina de moer notícias. Nunca se via na sua enorme face impassível de paquiderme monstruoso o relampejar de um pensamento alegre, de uma aspiração de amor, ou de uma revolta de ódio. O papão abominava os versos, toda a literatura, as anedotas, a arte livre, o teatro leve. Era horrível!

Mas, há cerca de dez anos, tudo nele começou a transformar-se pouco a pouco, imperceptivelmente. Primeiro, uma pequenina flor no peito; depois, uma gravata clara, contrastando com o negror da sobrecasaca abotoada; depois, a cartola substituída por um chapéu de palha... A graça e o bom humor, achando ali uma porta entreaberta, penetraram na casa, e instalaram-se nela.

Mas como o *Jornal* conservava sempre o seu imenso formato, os velhos leitores não percebiam que debaixo daquela antiga pele corria um sangue novo. Não viam como se renovavam os colaboradores da folha, nem como já o "mastodonte" se arriscava a sorrir, a ter idéias e opiniões, a discutir com calor as questões da política e da literatura, nem como a Polêmica se instalara naquelas colunas outrora dominadas exclusivamente pela Notícia incolor e seca.

Houve até ali uma revolução escandalosa, que passou sem reparo: foi a velha grafia dos passados dos verbos: *formarão, forão, escreverão*, que, em toda a imprensa do Rio, o *Jornal* era o único a manter.

De repente, da noite para o dia, o Jornal começou a grafar *formaram, foram, escreveram*; e os leitores tradicionalistas, sempre fascinados e dominados pelo prestígio do formato, não viram que, despedindo-se dessa última usança do seu passado, o grande órgão acaba de dar o salto decisivo por cima do fosso da tradição.

Agora, mudado o formato, é que os fiéis dos hábitos adquiridos percebem a revolução...

E ainda está longe de se ter completado. Ainda hei de ver o *Jornal* com as colunas cheias de gravuras, e com uma seção de smartismo, como "O Binóculo".

O "mastodonte" é hoje criatura da sua época. O carro de bois transformou-se em automóvel.

Correio Paulistano
18 de julho de 1908

Estadão Defende a, Digamos, Avó da Atual USP

Como sabemos todos, *A Província* e depois *O Estado de S. Paulo*, quando a República se instalou, tinha entre seus diretores e redatores as figuras de Rangel Pestana, Américo de Campos e o senador Júlio de Mesquita, este o redator-chefe.

O comentário que transcrevemos a seguir foi publicado na primeira página do jornal da quarta-feira, 8 de janeiro de 1890, e não seria temerário afirmar, com razoável segurança, que seu autor foi o redator-chefe. O texto tem mesmo o estilo do homem...

Trata-se de um editorial do jornal. Naquele momento começa a ressaltar a idéia da criação de uma universidade na cidade de São Paulo. Idéia essa que o matutino iria acalentar até sua criação definitiva, na década de 1930, quando a USP passa a fazer parte do universo educativo paulista e brasileiro. Isto seria um acontecimento da maior importância e o que de melhor se estabeleceria no País a partir de 1934.

Entretanto, é preciso salientar que houve uma instituição particular com o nome de Universidade de São Paulo; durou pouco tempo (entre 1910 e 1917), pois não conseguiu sobreviver às dificuldades materiais daquele período. Como o próprio *Estadão* salientava, haveria muita dificuldade para levantar fundos que garantissem a fundação e a manutenção da Universidade. O Brasil, desde sempre, não teve em sua história a figura do cidadão-filantropo, como acontece nos Estados Unidos. Os americanos são impregnados pela idéia de contribuir com as instituições culturais, em especial aquelas ligadas à educação. Significativo número de abastados cria fundações para garantir a vida normal e o futuro de tantas escolas.

josé sebastião witter

A criação das universidades no Brasil acaba acontecendo somente nos anos 1930, época de grandes alterações na vida social, econômica e política do País. Depois da USP, vieram as universidades federais, seguidas das estaduais e municipais, sempre com apoio do poder público. Poucas foram as escolas superiores que surgiram do esforço privado e particular até os anos 1980, quando começam a proliferar; hoje, são as alternativas para o atendimento da demanda. No final do século XIX, no entanto, e início do século XX, a maior discussão era se os republicanos poderiam defender aquilo que combateram durante o Império e, de outro lado, onde buscar recursos, que se pretendia viessem das camadas privilegiadas da população.

Num outro ângulo, e desde então, se colocava a problemática do ensino superior elitista e desvinculado da sociedade. O editorial do *Estadão* era um apelo de Júlio de Mesquita a que se trouxessem todas as questões referentes à universidade para que, através da imprensa, fossem debatidas.

Tema e conteúdo atuais, principalmente agora que todas as instituições de ensino superior do País vivem um doloroso período de crises orçamentárias e financeiras.

A Universidade

A idéia da fundação de uma universidade no Estado de São Paulo não nos parece bem afagada, a julgarmos pelos donativos conhecidos.

Não nos julgamos com direito de tomar conta dos que dispõem de seus haveres em tais casos, mas assiste-nos o de estudar a espontaneidade e a filantropia com que é acolhido um cometimento como esse, de grande influência moral, de alto valor sociológico.

Se os homens que chegaram a elevadas posições sociais pela fortuna e que têm motivos para reconhecer a necessidade da instrução se mostram parcos relativamente às suas condições financeiras, não será de estranhar que os outros, dada a relatividade das condições, do apreço à instrução, da compreensão do bom ensino, revelem pouco entusiasmo pela idéia.

Entretanto esta é, incontestavelmente, a pedra de toque do sentimento democrático e de compreensão da república moderna. Sairão do seio do povo, proporcionalmente aos haveres de cada um, maiores somas para a fundação da universidade?

É justo não descrer e é bom não desanimar; presumimos, porém, que sem grande esforço, sem tenaz propaganda, pouco se conseguirá.

A idéia de universidade, que ficou em um círculo de letrados, não chegou ao povo de modo a ser facilmente compreendida; e outros letrados trataram de desvirtuar o pensamento dos iniciadores e de negar à futura instituição o mérito real.

Pelos esforços dos que se congregaram, aceita como que por delicadeza de uns para com os outros, a idéia não provocou dedicações e não apareceu rodeada do entusiasmo capaz de levantar o espírito público.

Os letrados que ficaram de fora condenaram a universidade como lembrança da Idade Média, a concentração do ensino na capital, e a qualificaram de instituição antidemocrática.

Os outros confiaram na congregação dos sofistas, o primeiro sinal de vitória.

A crítica daqueles, porém, encontrou no sentimento democrático vasto campo para exploração.

– Uma universidade na República quando os republicanos a combateram no Império.

– É o retrocesso até a Idade Média.

– É a instrução só para os ricos que podem passar anos na capital.

E estes dizeres influem no ânimo popular e vão ganhando terreno.

Devemos suspeitar, portanto, de que os recursos para a fundação da universidade serão escassos.

A pretenderem levar a efeito o empreendimento, é preciso ativar a propaganda no sentido de explicar o que será a projetada universidade e de provocar a generosidade dos ricos e o entusiasmo e a dedicação dos pobres.

A República não tem títulos e condecorações para dar em troca dos atos de filantropia nem pode prometer o reino do céu aos que têm o sentimento religioso manifestando-se por ostentosos atos de caridade.

A República só pode falar a linguagem do altruísmo e lembrar a cada um o cumprimento de seu dever na grande obra da riqueza e civilização da pátria.

É preciso afirmar que é injusta a crítica à universidade, tipo moderna, de valor econômico, que tem por fim, com a menor despesa, organizar o maior número de faculdades auxiliando-se pelo aproveitamento de alguns cursos que podem servir a diversos.

Além disso, o defeito da organização pode ser corrigido desde que os meios permitam a disseminação das escolas superiores.

Convém observar também que os motivos para se combater a universidade na Corte com prejuízo das províncias não tem a mesma força tratando-se da universidade na capital de um Estado.

Eis aí questões que a imprensa deve discutir para esclarecer a opinião.

A Província de S. Paulo
8 de janeiro de 1890

Euclides,
Cronista Republicano de Bom Texto e Boa Fé

Nos anos 90 do século passado estávamos como hoje: achava-se que o mundo fosse acabar. A jovem República debatia-se em crises institucionais; a Esquadra revoltada, que já havia derrubado Deodoro, armava-se contra Floriano. Os monarquistas saudosos apostavam na derrocada do novo regime, em meio à mais buliçosa anarquia. O chamado Marechal de Ferro transmitia a impressão de que se vergaria à calcinante temperatura política quando, a 6 de abril de 1892, prendeu e reformou treze generais de terra e mar, cabeças do movimento que exigia eleições presidenciais.

Foi nesses tempos tumultuosos de acerba fanfarronice, de afamazes e fecha-bodegas, que os leitores de *O Estado de S. Paulo* encontraram em suas páginas o verbo equilibrado e douto do cronista Euclides da Cunha. Assinava-se pelas iniciais E.C. na coluna intitulada "Dia a Dia", em revezamento com luminares: Filinto de Almeida, Magalhães de Azeredo, Gabriel Prestes. Euclides, cujo aniversário de morte celebramos no mês de agosto (foi assassinado em 15.8.1909 por Dilermando de Assis, amante de sua mulher), colaborou em "Dia a Dia" de 29 de março a 6 de julho de 1892. O leitor atento há de encontrar nessas linhas, e a crônica reproduzida a seguir é exemplar, o texto vigoroso do repórter que mais tarde (1897), e no mesmo jornal, encontraria na guerra de Canudos o material que *Os Sertões* imortalizou.

Note-se, ainda, que no papel de analista político Euclides exibia, a par do raro estilo, aquele otimismo meio sonhador dos republicanos convictos. Peço atenção para o seguinte trecho: "Não temos, felizmente, divergências religiosas ou políticas tão profundas que dificultem muito o estabelecimento da ordem material. Traçadas limpidamente as órbitas de todas as atividades, basta que sobre elas paire a vigilância severa das leis. É o que se tem feito, felizmente".

De lá para cá, o mundo acabou muitas vezes...

Dia a Dia

Por mais incruenta que tenha sido, a nossa transformação política foi radical e seus efeitos se evidenciam a cada passo.

Basta considerar-se a distância entre a política marasmática do Império e os princípios atuais.

Não passamos de uma maneira contínua da antiga Constituição para a de hoje. Separam-nas a grandeza de conquistas realizadas por outras sociedades, através de lutas em que não tomamos parte.

Enquanto as nacionalidades do Ocidente da Europa e na América – os Estados Unidos – sob o domínio, muitas vezes, das maiores crises, levantaram os princípios que nos decoram hoje, prolongávamos dolorosamente ao último quartel do século XIX a inatividade colonial.

Erguemo-nos, afinal, sem termos combatido para partilharmos a vitória.

Tudo que temos hoje é uma dádiva generosíssima do nosso século. Sejamos sinceros.

A nossa história patenteia o tristíssimo fato de uma sociedade esmagando pela própria passividade aos seus melhores filhos.

Da Inconfidência à Confederação do Equador, o historiador não sabe o que admirar mais, se o aparecimento de tão grandes heróis em tal sociedade, ou se a indiferença de tal sociedade ante homens tão ilustres.

Nunca tivemos essa indispensável continuidade de idéias e atos que salva, através dos séculos e das crises, todos os esforços dos que lutam.

Extinguiam-se nos patíbulos, juntamente com a vida, os altos pensamentos dos mártires da nossa história.

De sorte que a evolução democrática, que se poderia ter iniciado com os revolucionários do século passado, é uma cousa recente; vem de 1870, com a brilhante e ousada minoria que nunca mais a abandonou.

E o advento da República exprime afinal a conquista realizada por essa minoria brilhantíssima sobre uma maioria indiferente.

Por mais incruenta, pois, que tenha sido essa transformação política, ela conduziu-nos a uma fase delicadíssima de adaptação às instituições republicanas.

Atravessamos, inegavelmente, um período de transição inevitável.

Faz-se preciso, por conseqüência, sobre todo este estado de cousas, o influxo vigoroso de uma política exclusiva e eminentemente conservadora, que ampare, nessa brusca ascensão para uma existência maior e melhor, uma nacionalidade que lutou muito pouco para atingi-la.

O objetivo fundamental dessa política deve ser, a todo o transe, o estabelecimento da ordem, e sabe-se quanto é difícil semelhante tarefa, nessas quadras perigosas, em que o próprio balanceamento dos espíritos favorece as piores causas e a gestação de todas as explorações.

O lema da nossa bandeira é uma síntese admirável do que há de mais elevado em política.

Precisamos porém não invertê-lo, o que seria um desastre; quanto antes, pois, é necessário que todo o progresso, que relativamente já temos, se assente sobre a base indestrutível da consolidação da República.

Não temos, felizmente, divergências religiosas ou políticas tão profundas que dificultem muito o estabelecimento da ordem material. Traçadas limpidamente as órbitas de todas as atividades, basta que sobre elas paire a vigilância severa das leis.

É o que se tem feito, felizmente.

Digam o que disserem, o governo enveredou com brilhantismo pela única política capaz, no momento atual, de estabelecer as garantias da paz, e acompanhamo-lo desassombradamente, nós, que no fato de uma ampla adaptação ao sistema democrático vemos mais do que uma conquista política – a grande regeneração de uma sociedade.

Seguiremos para o século futuro, robustos e grandes; neste século, cuja deslumbrante grandeza escapa às mais ousadas deduções da sociologia, através das vitórias da ciência e da indústria, a pátria brasileira redimir-se-á; e obedecendo à grandeza do próprio destino, assumirá, enfim, a hegemonia das nações latinas.

Todo um século de inatividade será compensado em alguns anos de lutas civilizadoras, e um grande futuro será afinal a absolvição para um passado estéril...

E.C.
O Estado de S. Paulo
5 de abril de 1892

João do Rio Levou a Literatura ao Jornalismo

Em 1904, aos 23 anos de idade, João do Rio publicou na *Gazeta de Notícias* uma série de reportagens sob o título "As Religiões do Rio". Não eram crônicas nem artigos mas reportagens de verdade, com a diferença de que revelavam um autor capaz de reforçar a tese segundo a qual o jornalismo é um gênero literário. Até então os leitores o conheciam como um candidato a escritor, que assinava seu nome de verdade, Paulo Barreto (João Paulo Alberto Coelho Barreto); contista, cronista, que também se aventurava no movediço terreno da crítica literária. Quando, finalmente, adotou o pseudônimo, surgiu o repórter. Há quem garanta que ele foi o primeiro repórter-repórter do jornalismo brasileiro; aquele que saía da redação e ia ouvir o povo, o trabalhador, o malandro, as mulheres da vida.

A publicação em livro de *As Religiões do Rio*, ainda em 1904, fez enorme sucesso e, a partir de então, o repórter garantiu um posto singular na história da imprensa brasileira. Rogo ao leitor que preste toda atenção ao texto que se segue; são trechos de uma das melhores reportagens de João do Rio, inserida no volume editado pela Companhia das Letras, *A Alma Encantadora das Ruas*, seleção do professor Raúl Antelo. É exemplar a simbiose entre jornalismo e literatura; o autor trabalha com personagens reais, como exige a boa imprensa, porém utiliza recursos rigorosamente literários na reprodução dos cenários de sua reportagem, humaníssima e recheada de estilo, vigoroso, iluminado estilo.

João do Rio, que aos 29 anos ocupava cadeira na Academia Brasileira de Letras, morreu em 1921. Não tinha 40 anos.

A Fome Negra

De madrugada, escuro ainda, ouviu-se o sinal de acordar. Raros ergueram-se. Tinha havido serão até à meia-noite. Então, o feitor, um homem magro, corcovado, de tamancos e beiços finos, o feitor, que ganha duzentos mil réis e acha a vida um paraíso, o sr. Correia, entrou pelo barracão onde a manada de homens dormia com a roupa suja e ainda empapada do suor da noite passada.

— Eh! Lá! rapazes, acorda! Quem não quiser, roda. Eh! Lá! Fora!

Houve um rebuliço na furna sem ar. Uns sacudiam os outros amedrontados, com os olhos só a brilhar na face cor de ferrugem: outros, prostrados, nada ouviam, com a boca aberta, babando.

– Ó João, olha o café...

– Olha o café e olha o trabalho! Ai, raios me partam! Era capaz de dormir até amanhã.

Mas, já na luz incerta daquele quadrilátero, eles levantavam-se, impelidos pela necessidade como as feras de uma *ménagerie* ao chicote do domador. Não lavaram o rosto, não descansaram. Ainda estremunhados, sorviam uma água quente, da cor do pó que lhes impregnava a pele, partindo o pão com escaras da mesma fuligem metálica, e poucos eram os que se sentavam, com as pernas em compasso, tristes.

Estávamos na ilha da Conceição, no trecho hoje denominado – a Fome Negra. Há ali um grande depósito de manganês e, do outro lado da pedreira que separa a ilha, um depósito de carvão. Defronte, a algumas braçadas de remo, fica a Ponta da Areia com a Cantareira, as obras do porto fechando um largo trecho coalhado de barcos. Para além, no mar tranquilo, outras ilhas surgem, onde o trabalho escorcha e esmaga centenas de homens.

[...] Trabalha-se dez horas por dia, com pequenos intervalos para as refeições, e ganha-se cinco mil réis. Há, além disso, o desconto da comida do barracão onde dormem, mil e quinhentos; de modo que o ordenado da totalidade é de oito mil réis. Os homens gananciosos aproveitam então o serviço da noite, que é pago até de manhã por

túnel do tempo

três mil e quinhentos e até meia-noite pela metade disso, tendo, naturalmente, o desconto do pão, da carne e do café servido durante o labor.

[...] Alguns saltam da proa do navio para o saveiro do trabalho tremendo, outros aparecem pela Marítima sem saber o que fazer e são arrebanhados pelos agentes. Só têm um instinto: juntar dinheiro, a ambição voraz que os arrebenta de encontro às pedras inutilmente. Uma vez apanhados pelo mecanismo de aços, ferros e carne humana, uma vez utensílio apropriado ao andamento da máquina, tornam-se autômatos com a teimosia de objetos movidos a vapor. Não têm nervos, têm molas; não têm cérebros, têm músculos hipertrofiados. O superintendente do serviço berra, de vez em quando.

– Isso é para quem quer! Tudo aqui é livre! As coisas estão muito ruins, sujeitemo-nos. Quem não quiser é livre.

Eles vieram de uma vida de geórgicas paupérrimas. Têm a saudade das vinhas, dos prados suaves, o pavor de voltar pobres e, o que é mais, ignoram absolutamente a cidade, o Rio; limitam o Brasil às ilhas do trabalho, quando muito aos recantos primitivos de Niterói. Há homens que, dois anos depois de desembarcar, nunca pisaram no Rio e outros que, passando quase uma existência na ilha, voltaram para a terra com algum dinheiro e a certeza da morte.

Vivem quase nus. No máximo, uma calça em frangalhos e uma camisa de meia. Os seus conhecimentos reduzem-se à marreta, à pá, ao dinheiro; o dinheiro que a pá levanta para o bem-estar dos capitalistas poderosos; o dinheiro, que os recurva em esforços desesperados, lavados de suor, para que os patrões tenham carros e bem-estar.

[...] À proporção que eu os interrogava e o sol acendia labaredas por toda a ilha, a minha sentimentabilidade ia fenecendo. [...] A certa hora do dia veio a comida. Atiraram-se aos pratos de folha, onde, em água quente, boiavam vagas batatas e vagos pedaços de carne, e um momento só se ouviu o sôfrego sorver e o mastigar esfomeado.

Acerquei-me de um rapaz.

– O teu nome?

— O meu nome para quê? Não digo a ninguém.
Era a desconfiança incutida pelo gerente, que passeava ao lado, abrindo a chaga do lábio num sorriso sórdido.
— Que tal achas a sopa?
— Bem boa. Cá uma pessoa come. O corpo está acostumado, tem três pães por dia e três vezes por semana bacalhau.
Engasgou-se com um osso. Meteu a mão na goela e eu vi que essa negra mão rebentava em sangue, rachava, porejando um líquido amarelo.
— Estás ferido?
— É do trabalho. As mãos racham. Eu estou só há três meses. Ainda não acostumei.
[...] Cada pedra pesa quilos. Depois de se lidar algum tempo com isso, sentem-se os pés e as mãos frios; e o sangue, quando a gente se corta, aparece amarelo... É a morte.

Gazeta de Notícias
Rio de Janeiro, 22.6.1904

Rui e seu Texto com o Tom do Melhor Discurso

O crítico literário Álvaro Lins foi certamente rigoroso demais num famoso artigo em que desanca o Rui Barbosa escritor, enquanto louva o jurisconsulto, o tribuno, o homem público preocupado com os problemas da Nação. Ora, na lavra fecunda e abundosa de seus textos, o baiano Antonio Rui Barbosa de Oliveira (1849-1923) sempre se manteve a léguas de distância do singelo e puro artesanato de filólogos do seu e de outros tempos, encantados apenas com o ordenamento gramatical do idioma.

Rui Barbosa utilizou a erudição em favor do estilo, mestre que foi de epânodos, epanástrofes, aliterações, essas figuras capazes de revestir o texto com bordado nobilíssimo e emprestar-lhe a musicalidade que se deve exigir de qualquer escrito. Atenho-me ao fraseado do autor, como se vê no artigo abaixo, recolhido por Moacir Amâncio na antologia *Cronistas do Estadão* (OESP, 1991), embora não ignore o leitor que minha condição de professor de História me impeliria obrigatoriamente para a análise do comportamento do Senador, Conselheiro do Império e Ministro da Fazenda de Deodoro.

Há no estilo de Rui o tom solene dos discursos, legítimo herdeiro daquela rara estirpe do padre Vieira. Aqui, estua a verve do orador inflamado, a aspergir linguagem de púlpito e tribuna, que levanta e conduz platéias, enquanto as diverte e instrui.

A Pátria

No vocabulário dos sofismas da maldade, os mais famosos nomes padecem deturpações de sentido atrozes. Mas dessas fraudes blasfemas nenhum sofreu ainda maiores torturas que o de "patriotismo". Não vos iludais com essas falsificações abomindas. O sentimento que divide, inimiza, retalia, detrai, amaldiçoa, persegue, não será jamais o da pátria. A pátria é a família amplificada. E a família, divinamente constituída, tem por elementos orgânicos a honra, a disciplina, a fidelidade, a bem-querença, o sacrifício. É uma harmonia instintiva de vontades, uma desestudada permuta de abnegações, um tecido vivente de almas entrelaçadas. Multiplicai a célula, e tendes o organismo. Multiplicai a família, e tereis a pátria. Sempre o mesmo plasma, a mesma substância nervosa, a mesma circulação sangüínea. Os homens não inventaram, antes adulteraram a fraternidade, de que o Cristo lhes dera a fórmula sublime, ensinando-os a se amarem uns aos outros: "Diliges proximum tuum sicut te ipsum".

Dilatai a fraternidade cristã, e chegareis das afeições individuais às solidariedades coletivas, da família à nação, da nação à humanidade. Objetar-me-eis com a guerra? Eu vos respondo com o arbitramento. O porvir é assaz vasto, para comportar esta grande esperança. Ainda entre as nações independentes, soberanas, o dever dos deveres está em respeitar nas outras os direitos da nossa. Aplicai-o agora dentro nas raias desta: é o mesmo resultado: bem-queiramo-nos uns aos outros, como nos queremos a nós mesmos. Se o casal do nosso vizinho cresce, enrica e pompeia, não nos amofine a ventura, de que não compartimos. Bendigamos, antes, na rapidez da sua medrança, no lustre da sua opulência, o avultar da riqueza nacional, que se não pode compor da miséria de todos. Por mais que os sucessos nos elevem, nos comícios, no foro, no parlamento, na administração, aprendamos a considerar no poder um instrumento da defesa comum, a agradecer nas oposições as válvulas essenciais de segurança da ordem, a sentir no conflito dos antagonismos descobertos a melhor garantia da nossa moralidade. Não chamemos jamais de "inimigos da pátria" aos nossos contendores. Não averbemos jamais de "traidores à pátria" os nossos adversários mais irredutíveis.

A pátria não é ninguém: são todos; e cada qual tem no seio dela o mesmo direito à idéia, à palavra, à associação. A pátria não é um sistema, nem uma seita, nem um monopólio, nem uma forma de governo: é o céu, o solo, o povo, a tradição, a consciência, o lar, o berço dos filhos e o túmulo dos antepassados, a comunhão da lei, da língua e da liberdade. Os que a servem são os que não invejam, os que não infamam, os que não conspiram, os que não sublevam, os que não desalentam, os que não emudecem, os que não se acovardam, mas resistem, mas ensinam, mas esforçam, mas pacificam, mas discutem, mas praticam a justiça, a admiração, o entusiasmo. Porque todos os sentimentos grandes são benignos, e residem originariamente no amor. No próprio patriotismo armado o mais difícil da vocação, e a sua dignidade, não está no matar, mas no morrer. A guerra, legitimamente, não pode ser o extermínio, nem a ambição: é simplesmente a defesa. Além desses limites, seria um flagelo bárbaro, que o patriotismo repudia.

Rui Barbosa
O Estado de S. Paulo
1º de janeiro de 1916

Evaristo, um Craque do Texto Irônico na Aurora da Imprensa

Aprende-se cedo na escola, e também se esquece logo, que nos dois primeiros anos da Regência Trina Permanente (o padre Diogo Antônio Feijó é o Ministro da Justiça) o Brasil assiste aos levantes dos chamados "restauradores", empenhados na volta de Pedro I. Tempo de paixões políticas, intrigas partidárias, confusões, tiros, tentativas de golpe, o diabo. O texto abaixo revive um daqueles episódios, segundo a descrição do maior jornalista brasileiro de seu tempo, Evaristo da Veiga, diretor de *A Aurora Fluminense*. Oferece a curiosa leitura de uma autêntica reportagem, ainda no limiar de nossa imprensa. Não é, portanto, fruto de pesquisa histórica, a que estamos habituados, porém o relato de um repórter devidamente amparado por suas fontes. Um repórter, digamos, "moderno".

Fundada em 1827, *A Aurora*, "jornal político e literário", independente e ousado, reflete o pensamento democrático e o estilo elegante e irônico de Evaristo, avesso a servilismos de toda ordem, a denunciar "a usurpação do poder soberano e constituinte da nação" por Pedro I, mais interessado em abdicar logo e fazer-se coroar como D. Pedro IV, em Portugal. Os acontecimentos descritos no texto abaixo são uma seqüência do que ocorre na Corte desde 12 de junho de 1831, quando os Exaltados, que querem proclamar logo a República, encontram a resistência dos Moderados e ambos se unem na luta contra os Restauradores. Como se viu mais tarde, a República não veio tão cedo nem D. Pedro I voltou. Ponto para os Moderados.

(Na reportagem de Evaristo da Veiga, convém esclarecer que o citado major Luiz Alves de Lima, um dos que "se distinguiram em bravura e sangue frio", é ele mesmo, o futuro Duque de Caxias. E o Campo de Honra a que se refere o texto é a atual Praça da República, no Centro do Rio de Janeiro.)

21 DE ABRIL DE 1832

No dia 16, à noite, dois negociantes, abalados em seu crédito comercial e conhecidos como instrumentos da facção restauradora, foram ao Arsenal da Marinha e tentaram corromper a lealdade do Comandante da Guarda, pertencente ao Batalhão da Candelária. Disseram-lhe que depois das duas horas da madrugada devia desembarcar naquele ponto uma força; mas que não lhe fizessem fogo, porque eram homens de bem, gente limpa, que não queriam desordem, mas sim a restauração do sr. D. Pedro, para tudo ficar sossegado, e tornar a girar o comércio. O Governo, sempre vigilante, avisado desse fato, procedeu durante a noite a mandar prender os aliciadores, e a dar, sem estrondo, todas as providências necessárias em semelhante crise.

Num momento, as Guardas Nacional e Permanente, os militares do Campo, os oficiais, soldados, e ambos os arsenais estavam de sobreaviso.

Às duas horas e meia da madrugada veio parte do Comandante da fragata *Imperatriz*, referindo que o Capitão-Tenente de Marinha, Machado, em nome do sr. Taylor[1], lhe fora requisitar marinheiros, e que ele lhe entregara cinqüenta, persuadido de que a ordem era real; mas que entrara em desconfiança no ver a direção que tomavam, e que o oficial em questão viera embarcado numa falua, e não qualquer dos escaleres do Arsenal. Então adquiriu-se plena certeza de que a conspiração tinha de romper naquela noite, e as matracas e cornetas chamaram por toda a cidade os Guardas Nacionais ao seu posto de honra. Eles não hesitaram à voz da pátria que reclamava os seus esforços.

---

[1] O inglês John Taylor tomou parte ativa na sufocação da revolta da Ilha das Cobras, em 7 de outubro de 1831; era Chefe de Divisão e manteve-se, nessa emergência, fiel à causa brasileira que desde o princípio esposara.

túnel do tempo

Para o lado da Glória, Conrado, Bricio, Tota (cirurgião-mor do Exército, Manoel Antônio Henrique Tota) e Machado, que vinham na falua mencionada e davam a direção aos marinheiros da *Imperatriz* enganados sobre o destino que levavam, tentaram um desembarque mas viram frustrados os seus desígnios pela coragem e presteza da Guarda Nacional de S. José, às ordens do sr. José Antônio Pinheiro, que com vivo fogo lhes impediu de abordarem. Então os marinheiros conheceram que estavam traídos, regressaram para bordo da fragata e os conspiradores procuravam evadir-se para a Praia-Grande, em cujo rumo navegavam, quando foram encontrados e presos por um dos escaleres que sobre eles se destacara do Arsenal da Marinha, com uma prontidão e bom acerto que fez honra ao zelo e capacidade do digno atual Inspetor, o sr. F. Bibiano.

Esta tentativa de Conrado sobre esse ponto, unida a outras razões de responsabilidade, faz crer que por ali em algumas casas suspeitas se achavam ocultos conspiradores, que não tiveram ocasião de representar no drama um papel ativo por se haver obstado ao desembarque; mas que contavam reunir-se aos marinheiros e marchar sobre o arsenal do Exército, o qual devia ser tomado por surpresa, segundo o plano de que o Governo já antes tivera notícia. No entanto, em São Paulo, Cristóvão, com melhor sucesso, se organizava a outra coluna do Exército Restaurador. Os Guardas Nacionais do Engenho Velho e de Benfica, quer de cavalo quer de infantaria, uns aliciados pelos agentes da Quinta, outras ignorantes do fim para que os convocavam, reuniram-se na cancela da Boa Vista, aonde não tardou a aparecer um corpo de mais de sessenta criados, com as suas fardas, fita encarnada ao peito, comandados por alguns estrangeiros, e trazendo consigo as duas peças que o Tutor declarara inválidas.

À sua frente vinha o Redator do *Carijó*, célebre Barão de Bülow, e o acompanhavam alguns oficiais do Exército, como o Tenente-Coronel Gavião, e outros sobre cujos nomes não há ainda certeza, bem como o Redator do *Caramuru*, David da Fonseca Pinto. Então o aventureiro hanoveriano dirigiu em meia língua um discurso a toda aquela força que se comporia de 250 homens pouco mais ou menos, acabando-o com vivas a D. Pedro I que foram extensamente repetidos. Percebendo porém em alguns dos Guardas Nacionais certa vacilação, o Barão de Bülow lhes afirmou que na cidade as Guardas Nacionais, Permanentes, e o paisanismo tinham já proclamado o ex-Imperador, e que eles deviam seguir o voto de seus cidadãos e irmãos de armas.

A coluna marchou pelo aterrado, dando repetidos vivas a D. Pedro I, aos Andradas, e gritos de morram os patifes, até o rocio da cidade nova, aonde fizeram alto. Alguns dos oficiais que vinham às ordens do Barão desceram pela rua de D. Pedro da Cidade Nova, a ver o que se passava no Campo da Honra, aonde já desembocavam batalhões da Guarda Nacional, o que deu causa a que nas fileiras dos restauradores se tocasse a retirada, o que foi executado em boa ordem e segundo as regras militares. O sr. Marechal José Maria Pinto ordenou logo que o batalhão da G. N. do Sacramento fosse pelo caminho do Barro Vermelho, cortar-lhes a retirada, enquanto ele, com a cavalaria da G. Nacional, Permanente, e Esquadrão de Minas, ao todo oitenta homens, seguia pelo aterrado.

Ao voltar a ponte, as duas forças se encontraram, e depois do fogo de um quarto d'hora, os restauradores buscaram a salvação na fugida, escondendo-se por aquelas chácaras e casas vizinhas, aonde foram perseguidos; mas em que muitos conseguiram escapar-se. Os oficiais, bem montados, tinham sido os primeiros a evadir-se, e até hoje dentre eles apenas foi apanhado o Tenente-Coronel Mathias José Anselmo, espécie de bobo da casa do Conde da Ponte. D. Antônio de Saldanha, apreendido na Glória, pôde salvar-se das mãos de quem o levava e desapareceu. Grande foi a mortandade da parte dos restauradores; calcula-se o número dos que desse lado pereceram, em mais de vinte; dos nossos foi gravemente ferido um soldado da Guarda Permanente que nos afirmam ter já falecido o capitão Peçanha do Esquadrão de Minas, com braço e perna fraturados, e o Tenente-Coronel Theobaldo, que teve a mão transpassada de uma bala.

Todos cumpriram o seu dever; mas distinguiram-se em bravura e sangue-frio o Marechal José Maria Pinto, o Tenente-Coronel Theobaldo, o Major Luiz Alves de Lima e o Comandante do Batalhão do Sacramento, Saturnino de Souza e Oliveira. Este batalhão cobriu-se de glória; entre o fogo do inimigo, ele tomou as duas peças dos rebeldes; fatigado de uma longa marcha, pois havia caminhado até a Glória e daí ao encontro da coluna de São Cristóvão, até Mata-Porcos, não esfriou em seu esforço um momento: o entusiasmo da liberdade, o ódio contra nossos opressores o animava.

Nós seríamos injustos se negássemos aos outros corpos da Guarda Nacional e do Exército que não entraram em ação, o elogio que mereceram por atitude firme em que se conservavam, e com ânimo que em todos aparecia. O Batalhão dos Oficiais-soldados, de cuja lealdade os conspiradores ousaram suspeitar, reuniu-se com a maior prontidão às ordens do Governo. Quanto aos das Guardas Nacionais, o de Santa Rita apresentou mais de seiscentas praças, todas com ótima disposição e ávidas de avançar sobre o inimigo; nós fomos testemunhas de seus queixumes por não as levarem ao combate. O mesmo zelo se notava no da Candelária que as intrigas do *Caramuru* não puderam demover do seu propósito de sustentar a lei e o governo estabelecido.

O de Santana trouxe número de cidadãos maior do que nunca, e o de São José foi digno de seus companheiros d'armas, a excetuarmos a pequena parte da Quinta Companhia (a que era comandada pelo sr. Tota, irmão do conspirador) que, segundo nos informam, se tornou muito suspeitoso em sua conduta. Existe ela no foco dos Conservadores e parece que vários dos que a compõem não foram estranhos aos desígnios dos facciosos. Os srs. Antero e Taylor desenvolveram a maior atividade e zelo.

Em toda a cidade finalmente brasileiros natos e adotivos rivalizaram em boa vontade, para combaterem um partido de ingratos que, poupados por nossa generosidade, se atrevem a querer lançar-nos algemas.

A Aurora Fluminense
21 de abril de 1832

Cáspite! Nabuco era, Acreditem, um "Escritor Francês"

Joaquim Nabuco confessou, numa página de *Minha Formação*: "[...] Eu lia muito pouco o português, ainda não começara a ler o inglês e aprendera o alemão [...]. O resultado foi que me senti solicitado, coagido pela espontaneidade própria do pensamento, a escrever em francês [...]. Com efeito, não revelo nenhum segredo dizendo que insensivelmente a minha frase é uma tradução livre, e que nada seria mais fácil do que vertê-la outra vez para o francês do qual ela procede".

Minha Formação é de 1900, embora Nabuco tenha publicado grande parte da obra em jornal, cinco anos antes; portanto, sua profissão de fé galicista bem poderia soar como sinal de rancor contra José Veríssimo, que havia denunciado a "sintaxe eminentemente francesa" do autor, quando veio à luz o primeiro volume de *Um Estadista do Império*, em 1898.

O leitor verificará o quanto Veríssimo, o mais badalado crítico literário do século XIX, foi severo com o texto de Nabuco, e como este abusou da "malcriação". Para que se avalie o quanto da excelência da língua portuguesa pode se ocultar sob a tal sintaxe *eminentemente francesa*, quando devidamente domesticada pelo talento, *malgré tout*, reproduzo o excerto a seguir.

O texto, extraído da quinta edição de *Um Estadista do Império* (Topbooks, 1997), exibe o melhor Nabuco, na análise psicológica dos personagens da cena política, na observação/comparação do comportamento dos tribunos nos gabinetes do Segundo Reinado. É de louvar o estilo e a elegância do autor, o domínio das palavras, a emoção ao descrever, em plena ação política, a figura do pai, conselheiro e ministro José Thomaz Nabuco de Araújo.

Aos leitores que ainda não conhecem esta obra monumental, imprescindível ao estudo da História do Brasil e à correição dos espíritos, devo esclarecer: *1.* Monte Alegre, Visconde de, chamava-se José da Costa Carvalho; *2.* Olinda, Marquês de, Pedro de Araújo Lima; *3.* O nome completo do Barão de Cotegipe era João Maurício Wanderley; *4.* Eusébio era Eusébio de Queirós Coutinho Matoso da Câmara. Em 1851, tentou aprovar uma Lei de Imprensa. Diz Joaquim Nabuco: "Queria-se regulamentar os direitos da imprensa, de forma que ela tivesse toda liberdade de pensamento sem se poder tornar perigosa à ordem pública, o que é inconciliável [...] Não passou de projeto". *5.* Acerca da menção a *saquarema*, registremos o verbete do *Aurélio*: "Epíteto dados aos conservadores no tempo do Império, e que se origina do fato de a fazenda de Monte Alegre, pertencente ao Visconde de Itaboraí, grande prócer do partido, achar-se localizada no município de Saquarema (RJ)".

Um Estadista do Império

[...] Monte Alegre era um homem muito diferente de Olinda. Não tinha nem a mesma inteligência nem a mesma instrução que ele, tampouco a sua autoridade e a sua posição; tinha, porém, um caráter muito mais agradável e insinuante, uma calma desprevenida no julgar dos fatos e apreciar os homens, própria de um homem do mundo para quem a política se figurasse um salão e não um campo de batalha ou uma casa de jogo. Wanderley, depois barão de Cotegipe, que pertenceu à sua roda, costumava dizer que Monte Alegre foi o *melhor bom senso* que ele conhecera, pondo em segundo lugar a Caxias. Esse "bom senso" era a combinação do sangue-frio com a experiência, uma disposição otimista, que fazia tomar os homens pelo que cada um tinha de melhor e não pelo que eles procuravam disfarçar e esconder. Olinda era um solitário de gabinete, que a surdez ainda mais isolava e concentrava; Monte Alegre, um homem de sociedade, cercado sempre de uma roda de amigos, na qual não havia atritos nem asperezas. Ele não tinha nenhuma dessa eletricidade que os políticos doutrinários descarregam sobre o infeliz a quem acontece atravessar algum fio invisível da sua rede de idéias.

Nabuco apoiava o ministério com interesse, sobretudo por causa de Eusébio que lhe mostrava a maior confiança. Entre os dois havia muito em comum: o mesmo espírito conservador sem *parti-pris*, a mesma especialidade administrativa, a mesma benignidade de caráter. As suas faculdades eram diferentes. Nabuco em primeiro lugar lidava com idéias ou princípios, em segundo lugar com fatos, era assim um idealista, idealista positivo; Eusébio lidava exclusivamente com fatos. Nabuco era um pensador, tinha uma imaginação criadora em constante atividade, o que o inabilitava de alguma forma para o lado pessoal da política, para atender, o que é tudo em política nos países pequenos, aos interesses, necessidade e exigências locais; Eusébio era um chefe de partido, um arregimentador paciente e sistemático, um conhecedor de homens, feito para agradar a uma Câmara de políticos; tinha qualidades femininas de voz, de maneiras, de sedução e de caráter, aliadas a uma grande energia; era um homem de gabinete, de funda intuição política, que sabia superiormente fazer trabalhar, impulsar, tirar de cada um o que podia dar de melhor. A preponderância das faculdades superficiais exteriores fará que ele se torne exclusivamente um chefe de partido saquarema, por isso a inteligência se retrairá, perderá a elasticidade, o movimento, o poder de renovar-se, estagnará. A vida de Nabuco é toda interior, cerebral, e até o fim é a inteligência que se desenvolve, que trabalha, que o faz viver, o que pela força das coisas o tornará impróprio para tudo que em política é competição pessoal, luta efêmera pelo poder, conflito de interesses secundários.

A evolução política dos dois espíritos será também diferente: Eusébio torna-se cada vez mais conservador, isto é, resume-se, aperta-se cada vez mais nas idéias familiares, nos princípios professados na sua madureza, como um general que se concentra e se entrincheira à medida que perde terreno. Nabuco, pelo contrário, cada vez se expande mais, tendo como todos os que vivem sós um campo muito mais vasto para as suas combinações. Maiores do que as diferenças eram, porém, as semelhanças. Um e outro são exclusivamente *ministros da justiça*, concentram a sua atividade no direito; um e outro são por natureza reformadores; ainda que preferindo processos diferentes, Eusébio e Nabuco em seus dois longos ministérios tocam em tudo e Nabuco em muita coisa não faz senão seguir as pisadas de Eusébio, realizar idéias que o outro apenas lançou; um e outro dão mais importância aos fatos sociais de ordem e caráter fundamental, como a justiça, a organização do direito, a religião, a moral pública, do que aos acidentes da política – o que quer dizer que são ambos estruturas conservadoras sólidas e largas, qualquer que fosse o grau do seu liberalismo, o liberalismo não sendo senão o contraforte necessário das altas perpendiculares do edifício, ou também um espaço maior de arejamento, de desafogo para as massas acumuladas dentro.

Nessa Câmara de 1850 Nabuco, mais do que na de 1843, visa a uma especialidade e se encerra nela. Alguma vez que trata de política é desculpando-se de ter saído de seu terreno. O seu papel é sustentar as reformas de Eusébio, os pequenos projetos parciais, chamados na época *carretilhas* com que ele queria evitar, como acontece com as grandes reformas complexas, a coligação fortuita de interesses heterogêneos contra cada medida. Também nas câmaras unânimes os grandes estímulos desaparecem, deixa de haver luta, o que pode existir é somente o desejo de sobressair. Há no retraimento de Nabuco uma certa timidez moral, ele deseja não ser tido por ambicioso, mas há também uma desconfiança invencível do seu talento e dos seus recursos, que é o grande defeito da sua organização. Ele parece achar que não vale a pena dizer o que todos pensam – o que é, entretanto, a grande oportunidade do orador – e que é perigoso dizer aquilo em que ninguém pensou. Essa preocupação é de tal ordem que para o fim da vida ele preferirá não dizer nada que não possa corroborar com uma citação. Qualquer receio que se insinua em um orador destrói a metade da sua ação. Apesar disso, porém, desde que o dever ou as circunstâncias do momento o arrastam à tribuna, a originalidade do seu pensamento vence sempre as suas hesitações. A sua faculdade de iniciativa triunfará em todas as ocasiões, mas fazendo-o sofrer.

O segredo dessa timidez é talvez, com certeza o foi na última fase de sua vida, que lhe faltava certa forma "literária", e ele que tinha outra forma muito superior de pensamento, a forma jurídica, que se exprimia naturalmente em linguagem de direito e improvisava em sentenças ou oráculos, hesitava em competir com a declamação efêmera de oradores de momento, curvava-se aos triunfos de ocasião. A sua organização de juiz inabilitava-o também para as tiradas eloqüentes da paixão política. A sua eloqüência era toda feita de pensamentos, de conceitos; para ser apreciada em seu valor na tribuna exigiria uma longa pausa entre os períodos, que o auditório tivesse tempo de pesar o que ouvia, assim como o leitor pára em cada frase que lê; a eloqüência falada é, porém, por sua natureza uma torrente e quanto mais turva e barrenta mais forte.

Na sessão de 1850 como nas seguintes dessa legislatura os seus discursos versam todos sobre questões de direito ou de justiça. De um deles transparece a resolução, que já se estava formando no seu espírito, de deixar a magistratura e fazer-se advogado. Ele sentia a anomalia de sua posição.

Pedro Taques
e o Nascimento do *Correio Paulistano*

Quando surgiu em 4 de janeiro de 1875, *A Província de S. Paulo (O Estado de S. Paulo,* depois da Proclamação da República) veio disputar espaço com o já tradicional *Correio Paulistano.* Este, em sua segunda fase[1], apareceu em 26 de junho de 1854. Digo "disputar espaço" no sentido rigorosamente comercial, merecedores que eram da atenção do vendedor ambulante de jornais, Bernard Gregoire, e dos poucos anúncios de um comércio ainda não apresentado à propaganda. Ideologicamente, quase, mas quase mesmo, encontraram-se nas mesmas esquinas republicanas.

Republicano e abolicionista até 1872, o *Correio* agarrou-se às barbas do Imperador e em 1875, quando nasceu *A Província de S. Paulo,* defendia as teses monarquistas, por obra e graça de seu proprietário, Leôncio de Carvalho.

O texto apresentado a seguir é o editorial de apresentação do *Correio*; intitulado *Prospecto,* como se confere na reprodução que publicamos aqui, manifesta sua profissão de fé e, como os tradicionais artigos de fundo, não está assinado. Porém é possível identificar o autor, nas entrelinhas e entrevírgulas do texto, pelo estilo do redator-chefe Pedro Taques de Almeida Alvim.

Campineiro, 29 anos na ocasião (nascido a 10 de setembro de 1824), Taques havia estudado Direito em São Paulo, tendo por companheiros o poeta Álvares de Azevedo, o futuro romancista José de

---

[1] O *Correio Paulistano* original é de 1831. No Instituto Histórico de São Paulo a coleção vai até o número 86. O jornal ainda existia em 1837, segundo revela Juarez Bahia em seu livro *Jornal, História e Técnica,* São Paulo, Ática, 1990.

Alencar e o herdeiro político dos Andradas, José Bonifácio, o Moço, mais tarde ministro do Império, já incensado autor do livro de versos *Rosas e Goivos* (1848).

Antes do *Correio Paulistano*, Pedro Taques recolhera experiência no jornal literário *Íris* (1849-1850), que fundou em parceria com Diogo José Vieira de Matos, e no político-humorístico *Clarim de Saquarema*. Redator brilhante, provocador, foi ele quem fundou o *Diário de S. Paulo,* não esse que pertenceu aos Diários Associados mas aquele que se fundiu com o *Diário Liberal*, em 1885. Acerca do *Correio Paulistano*, desaparecido em 1966, é imperioso recordar-se que viveu vida agitada e benfazeja e é pranteado pelos intelectuais deste País por ter sido o jornal que mais apoio ofereceu à Semana da Arte Moderna de 1922.

Prospecto

O *Correio Paulistano*, que hoje enceta sua carreira jornalística, vem também abrir uma nova era à imprensa desta Província.

Entre nós, forçoso é confessá-lo, a imprensa não tem correspondido por um modo satisfatório à sua sublime missão. Os jornais que têm visto a luz nesta Província, quase exclusivamente ocupados dos interesses de sua parcialidade política, e o que é mais, de questões muitas vezes pessoais, têm transviado a nossa imprensa de seu santo ministério. Circunscritas a essa discussão acanhada e desagradável, as folhas puramente políticas bem depressa começam por experimentar uma espécie de frieza na própria opinião que elas se propõem sustentar.

Por outro lado, os interesses reais da Província, que tanto convém promover e advogar, eram postos de parte, porque os interesses de partido têm tudo desnaturado e confundido.

Nestas circunstâncias, entendemos fazer um importante serviço à nossa bela Província publicando o *Correio Paulistano*, cuja missão é a de oferecer uma Imprensa Livre. A sociedade, o governo tem grande interesse no conhecimento da verdade; e nós, oferecendo as colunas do *Correio Paulistano* à discussão de todas as opiniões, de todos os pleitos, teremos contribuído com o nosso contingente para o conseguimento daquele grandioso fim.

O *Correio Paulistano*, pois, aspira nesta Província o caráter de publicação imparcial. Seus leitores encontrarão em suas páginas a linguagem da franqueza e lealdade; só assim teremos imprensa livre, a coberto das considerações que a adulteram. Se, porém, não realizarmos estas vistas, não o será por ausência de esforço.

Cremos ter explicado o nosso programa.

A redação só é portanto moralmente responsável pelo que for publicado sob o título especial desta folha.

Correio Paulistano
26 de junho de 1854

Carnaval Carioca em Junho. Taí uma Idéia de Milico...

Em 29 de fevereiro de 1892, o escritor deu uma de cronista-repórter e saiu às ruas do Rio de Janeiro para verificar se o povo tinha mesmo levado a sério a decisão oficial: o carnaval fora transferido para o meio do ano, no auge de um inverno que jamais pediu capotes de lã mas era considerado frio em relação ao calor úmido, sempre a bater nos 40 graus. Raul Pompéia, certamente metido no fraque-e-cartola que hoje fariam as vezes de uma fantasia, bateu pernas pelo centro da cidade e alhures e verificou a ausência dos foliões.

Floriano, apelidado Marechal de Ferro, não permitia mesmo desobediências ou contraversões. O repórter-cronista, a serviço de *O Estado de S. Paulo*, topou aqui e ali com alguns afoitos, de paletó vestido pelo avesso ou arremedando padres, a desafiar a vigilância policial, mas foi só. "Este ano, as ruas permanecem na insipidez moderada e sisuda dos seus aspectos e dos seus ruídos costumeiros", escreveu Pompéia.

A proibição do entrudo, sejamos justos com o marechal-presidente, não denunciava simples ojeriza ao cheiro do povo; ajuntamentos populares, no verão avassalador de uma cidade erma de cuidados sanitários, era passo certeiro na direção de epidemias. O governo autoritário fez da polícia sua comissão de frente, espalhou tristeza nas ruas e Raul Pompéia registrou esse ar de quarta-feira de cinzas na crônica admirável que reproduzimos a seguir. Trata-se de texto pontuado de melancolia, no tom de uma marcha-regresso.

Da Capital
Rio, 29 de fevereiro de 1892

Estamos no carnaval.

Entretanto, só no fundo da lembrança e da imaginação temos a festa dos risos.

As ruas não despedem para o espaço o vozear rouquenho dos porta-vozes, nem a conversação fanhosa dos mascarados.

O trovão enfático dos zé-pereiras não se ouve senão como sugestão sonora, mal conseguindo destacar-se na vaga alucinação da memória.

A realidade que temos diante dos olhos e ao alcance dos ouvidos é o espetáculo e o rumor banalíssimo da vida corrente.

Quem diria que o Rio de Janeiro é essencialmente uma cidade festiva para festas de carnaval?!

Quanto nos falta de ardor religioso para montar as grandes festas populares do culto, aliás esplendorosas, em dias que vão distantes; quanto nos falta de ardor patriótico para celebrar as grandes recordações históricas da vida nacional, todas essas forças ativas do entusiasmo popular que se não podem em absoluto calar e que, entre nós, tão poucas ocasiões encontram para se expandir, somam-se, reforçadas na proporção normal da abstinência, para fazer explosão na festa única do povo fluminense, que desde muitos anos é o carnaval.

A população multiplica-se como por milagre. Massas de gente, que ninguém sabe onde consegue viver dentro das dimensões aparentes da cidade, como que surgem do chão para obstruir as mais espaçosas ruas e as mais folgadas praças. Correspondendo à concorrência expectante do povo, os grandes clubes que constituem toda a importância do carnaval fluminense não se poupam esforços para elevar ao sumo grau essa importância.

Os préstitos carnavalescos organizam-se e desfilam como paradas orgíacas de luxo e de aparato. Como formidáveis caudais de despesa inútil, desdobram-se extensamente e intensamente em ondas de ouro e cores entre os apertos da curiosidade de espectadores ao correr das calçadas; sob a contemplação fervorosa e maravilhada das janelas, onde lampeja uma verdadeira ovação flamejante de olhares. Não se sabe que mais admirar, com efeito, se a abundância caleidoscópica das fantasias opulentas, que trajam os mascarados reclinados às carruagens e a cavalo, se a animação sincera, inesgotável, endemoninhada dos fanáticos de Momo, que se incumbem dos terríveis papéis, nas comédias ambulantes dos "carros de idéias".

O carnaval do Rio de Janeiro é realmente uma festa de se assistir, de valer a pena aqui chegar-se de fora, mesmo do estrangeiro, a vê-lo; porque aqui se reservam surpresas carnavalescas aos próprios *dilettanti* das amplíssimas e brilhantes feições da alegria humana como se revelam nas festas clássicas do carnaval italiano.

Este ano, as ruas permanecem na insipidez moderada e sisuda dos seus aspectos e dos seus ruídos costumeiros. Consta que na Rua do Espírito Santo foi detido um sujeito que deliberava ser o máscara único da época e que não mais conseguiu senão mostrar que as ruas podem oferecer lá uma vez o espetáculo do carnaval sem haver carnaval. Este filósofo exprimiu perfeitamente a fórmula de que bem pode haver o carnaval no simples aspecto estranho de certas caras e no simples escrúpulo atento do respeito à moda.

Afrontou os editais da polícia com a fantasia de se arranjar um carão rapado de padre e uma severa coroa por cima da nuca; e pura e simplesmente carregar o talhe de um traje da moda. A polícia deteve o personagem, que cumprimentava com uma cartolita chata, lisa e tesa, não apenas cortada a meio, como se usa, mas ousadamente truncada a um terço; que tinha aquela cara cínica rapada de sacerdote ou de cômico, como a extravagância apenas de ser, por alternativas rápidas, cômico e sacerdote; que se embrulhava numa infinita sobrecasaca. Mas deixou-o seguir notando conceituosamente que o tal tipo não era afinal de contas mais do que um sujeito de duas caras como tais não faltam e de resto um simples rigoroso *fashionable*.

Apareceram mais dois esquisitos, que, por efeito de carnaval, atravessaram a Rua do Ouvidor, de um lado para outro, com os paletós virados mostrando o forro. E tem sido isto todo o carnaval deste ano.

É de notar que a completa renúncia do povo aos folguedos carnavalescos não se patenteia somente nas ruas; isso seria mero efeito do edital que a polícia distribuiu, referente à transferência do carnaval para o inverno e proibindo a saída dos máscaras, isoladamente ou por grupos. Dá-se que nas próprias casas particulares não houve absolutamente... nem se diz que haverá um só baile, e nos bailes dos clubes a falta de animação é evidente.

A menos que nos resolvamos a crer, o que é difícil, que o carnaval fluminense, com toda a sua aparência de esplendor, era uma instituição morta e bastou uma palavra da polícia para desvanecê-lo, como a teima insustentável de um capricho artificial da multidão, o que se tem a concluir da atitude atual dos fluminenses em relação ao carnaval é que foi unânime a aceitação da idéia de sua transferência para o tempo do frio.

Dessa evidência de atitude entendem alguns que se deve depreender que a medida higiênica da mudança das festas carnavalescas para junho foi a morte do carnaval; e que, assim, como agora não o temos quase que nem por sombra, ainda menos o teremos nos dias de inverno.

Quer se nos afigurar que esses agouros se iludem; e que, pelo contrário da completa abstinência a que se recolhe este povo, essencialmente amigo das pândegas de Momo, a crença a nascer é que com as forças agora poupadas e mais com as novas que, no intermédio do prazo de adiamento, se há de acumular, se vai preparar para a nova época de amáveis loucuras uma festança de estrondo.

A vizinha e altiva Petrópolis, com o seu clima de privilégio, não teve de nos acompanhar na renúncia à folia das vésperas da quaresma. Na linha de propulsão esnobe quer dizer, de propósito incitativo, que é o eterno traço das aristocracias instantâneas como toda a que temos, mas se descuidou de continuar a tradição da batalha de flores que ali deixou a sereníssima ex-princesa imperial.

Conta-se que foi um deslumbramento. Houve além disso concerto de gala para fins beneficentes, e haverá grande baile a fantasia. Lá não temos ido, nem nos é possível ir, para dar conta ao leitor de uma impressão pessoal.

túnel do tempo

    Faça-se porém uma idéia do que houve tendo em vista que não dando a nota os opulentos nababos gerados para as glórias do dinheiro pela mágica do bolsismo, calculando o desperdício já feito ou por fazer em flores para a batalha e em roupagens de luxo e fantasias para o concerto e para o baile, pela massa iracunda dos pálidos e esbodegados que, longe de Petropólis, por estas plagas plebéias, amaldiçoam as companhias de exploração que os reduziram à miséria e, do fundo do seu desastre, porque não podem dar em terra com os felizes que os enganaram, desabafam a desejar que caia o marechal Floriano.

O Estado de S. Paulo
8 de março de 1892

Tu, que Olhas esta Página, sê Paciente com Castro Alves

Pouquíssimos poetas há que tanto deitem e rolem no coração dos brasileiros quanto o baiano Antonio Frederico de Castro Alves, cujos versos condoreiros já foram muito apreciados.

Intitula-se "Introdução do Jornal *A Luz*" o texto do poeta Castro Alves, o qual, ao tempo em que veio a lume (1866), já levou histórica e sergipana bordoada de Tobias Barreto, polemista feroz. Germanófilo exacerbado, de raciocínio kantiano, o mulato Tobias sustentou com o vate baiano uma discussão pela imprensa, acusando-o de escrever tolices e plagiar Victor Hugo e a doutrina dos atomistas Demócrito e Epicuro.

Tobias Barreto massacrou a "Introdução" em artigo na *Revista Ilustrada*. "Isto é plágio. Isto é descaramento!", bradou o sergipano a certa altura de sua crítica, ao que o baiano, naquele estilo que um século mais tarde seria também plagiado por Antonio Carlos Magalhães, respondeu: "Não, senhor Tobias, é que o senhor é de uma ignorância atrevida e alvar".

A polêmica diverte e instrui. Lamenta-se que *A Luz* se tenha apagado logo na segunda edição, mas era mesmo difícil a sobrevivência de uma revista capaz de publicar textos assim: "[...] A imprensa é um topo. E nós, que subimos do vale de nossa obscuridade para um momento sacudir nossa palavra aos quatro pontos da terra, não seremos as bacantes ébrias a tripudiarem de gáudios pelos Cintos das regiões helênicas, mas os druidas entusiastas dos basaltos graníticos da Armórica".

Arre!, vai escrever mal assim na cachoeira de Paulo Afonso! É, porém, o texto jornalístico do bardo genial, e ele nos leva à conclusão de que poesia é mesmo poesia, prosa é prosa.

Que o leitor confira a seguir.

P.S.: O texto e a polêmica encontram-se na *Obra Completa de Castro Alves* (Prosa, Fragmentos, Nova Aguilar, 1997, pp. 691-711).

Introdução do Jornal *A Luz*

É sempre solene o momento em que se pega da pena. Alguém nos fita lá de cima, alguém nos olha cá de baixo – Deus e a consciência.

É sempre solene este momento.

Que ides fazer? pergunta o mundo. E o ser que se destaca das turbas tem subido a uma sumidade...

A imprensa é um topo...

Os sacerdotes fazem dela um altar – os carrascos, um pelourinho. O Sinai e a rocha Tarpéia são gêmeos e diferem apenas em que ali tendes o profeta, aqui o algoz; daí rolam relâmpagos e verdades, daqui sangue e cabeças decepadas.

A imprensa é um topo.

E nós, que subimos do vale de nossa obscuridade para um momento sacudir nossa palavra aos quatro pontos da terra, não seremos as bacantes ébrias a tripudiarem de gáudios pelos Cintos das regiões helênicas, mas os druidas entusiastas dos basaltos graníticos da Armórica.

Insânia! brada a turba, sois bastante pequenos para não ser vistos, bastante fracos para que vos não ouçam no sussurro das grandes vozes.

Mentira! Onde há uma verdade, há uma grandeza, onde há uma idéia, há um germe.

Que é o pólen das palmeiras orientais?... Um átomo...

E o Beduíno, que passa, despreza a pobre poeira da tâmara selvagem.

Mas o vento de Deus carrega o pó; e um dia o viajante exausto pára a caravana... e apascentando os dromedários à sombra de um oásis, abençoa o Senhor Deus dos desertos.

Da pequenez nasce a grandeza. Os átomos fazem o mundo... Nada é absolutamente pequeno, nada é absolutamente grande. Quem sabe? O sol é talvez um vaga-lume entre os astros; o pirilampo é talvez o sol de um mundo microscópico...

Depois... que importa? Ainda quando vós desprezásseis todos os orientais (porque a mocidade é uma alvorada), ainda quando não ouvísseis todos os cânticos (porque a juventude é um hino), não cessaríamos de trabalhar, não cessaríamos de falar.

É que nós temos uma missão, digo mal, é que nós temos um ofício.

Somos pouco e somos muito.

Se olhardes o homem, vê-lo-eis pequeno, com toda a pequenez da individualidade. Se olhardes o artista, vê-lo-eis grande, com toda a grandeza do trabalho.

E nós somos artistas. Nada mais, nada menos.

A mão calosa do operário aperta a mão do jornalista; o buril e a pena se conhecem; o papel e a tela são irmãos.

Quando Agrícola afeiçoa a ferro, quando Canova afeiçoa o mármore, quando Hugo afeiçoa *Os Miseráveis* – há um rompimento no infinito, e a bênção do Eterno desce à terra do ferreiro, à oficina do escultor, à gruta do poeta.

Todo o trabalho é santo. Lutar é ser virtuoso.

A cabeça que se levanta para o céu, o braço que se abaixa para a terra, voltam-se ambos para Deus.

E agora que vos disse o que somos, dir-vos-ei para onde vamos.

Há no mundo físico uma lei, que arrasta os corpos para a terra – é a gravitação.

Há no mundo moral uma força, que arrasta o ser pensante para a verdade – é a inteligência.

Perguntai à avalanche que desaba – para onde tende –, ela vos dirá – para o vale.

Perguntai ao espírito que pensa – para onde gravita –, ele vos dirá – para o verdadeiro.

É para onde vamos.

Procuramos a verdade artística, isto é, a estética, o belo – quer na crítica, quer no drama, quer no romance, quer na poesia.

Por que estrada marchamos, como a entendemos, não vo-lo direi. O futuro será a nossa palavra.

E agora, deixai-nos passar, deixai-nos seguir a *via dolorosa* da arte.

Nós somos como os reis magos da lenda bíblica, que uma estrela divina acordou nos vales, em que dormiam, e disse-lhes: Caminhai. E eles caminharam.

Em frente desdobrava-se o deserto ardente, como a capa de Elias – o profeta arrebatado; além – as palmeiras lívidas inclinavam as frontes, como Madalena chorosa, na orgia dos ventos de fogo. E enquanto "os licornes mordiam as sandálias de mármore das cidades de pórfiro", e os répteis se ocultavam nas verbenas das ruínas desgrenhadas, a esfinge boquiaberta – como o cão do deserto – ladrava às caravanas errantes.

E eles tomaram o trilho do deserto.

E eles esqueceram a cidade da Pérsia – que o grifo guarda –, cavalgando a montanha do Irã, como uma linda huri, cavalgando no dorso do elefante indiano; – Babilônia – a pastora de mármore, que apascenta o seu armento branco junto às águas de nafta do Eufrates... Sabá, que dorme à sombra dos baobabes sandálicos, ouvindo as peris cantarem nas harpas de coral e de esmeralda...

E eles caminharam.

E eles marcharam na terra, porque a estrela marchava no céu, porque Belém levantava a cabeça infantil no horizonte, como uma criança, que ri, que espera, que canta e abençoa o peregrino, que de longe veio.

E nós somos como os reis magos da lenda bíblica.

Longe o futuro se estende, como um deserto, onde há – o fogo, que queima a fronte, – a lava, que queima as plantas, onde há os répteis, que mordem na sombra, onde há as esfinges, que mentem na luz.

E por que afrontamos nós este futuro?...

A obscuridade é como a senhora dos sicômoros, o silêncio é uma ameia dentada; o marasmo é um escudo.

Sim! mas a obscuridade é a efeminação. Sim! mas o silêncio é a cumplicidade. Sim! mas o marasmo é o crime.

Nós caminhamos. Nós caminhamos.

A pedra quebra os dentes do réptil, que morde; a verdade ar-

ranca o embusteiro das entranhas da esfinge, que mente; e por uma eqüidade divina, quando a testa sua muito na luta, as bagas de suor matam a sede.
 Oh! deixai-nos seguir a via dolorosa da arte...
 Também teremos a nossa recompensa.
 Um beijo de glória – é duvidoso!
 Um abraço de consciência – é certo!

A Luz
Recife, 1866

Breve Visitação à Matéria do Repórter Caminha

A carta de Pero Vaz de Caminha, minucioso relato acerca do achamento de Vera Cruz, é mesmo um trabalho de reportagem, como tanto já se falou. É mister esclarecer que o texto posto linhas abaixo à apreciação do leitor saiu da lavra persistente e generosa do professor José Augusto Vaz Valente, Doutor em História, antigo membro do Corpo Docente da ECA; foi com esta monografia que Valente obteve o título de Mestre do Departamento de História da Faculdade de Filosofia, Letras e Ciências Humanas da Universidade de São Paulo.

Excelência de tal ordem logo remeteu este estudo crítico, paleográfico-diplomático à Coleção Museu Paulista (volume 3), transformando-o, destarte e a bom correr, num êxito editorial incomum. Ainda há pouco, ao tempo em que exerci a direção do Museu, tive a satisfação de atender a ingentes pedidos de tantos e tantos estudiosos do texto de Caminha, ermos dessa insubstituível fonte de informação. E atentem que o trabalho do Mestre se deu à estampa em 1975.

Muito apropriadamente escreveu na apresentação da obra o Professor Doutor Antonio Rocha Penteado, diretor da coleção: "[...] Coube [ao autor] a oportunidade de demonstrar, uma vez mais, que a História é uma resultante do encontro da inteligência com o documento [...]". É verdade. Vamos, pois, à Carta-reportagem, não sem antes observarmos que, em suas anotações, Valente informa que *achamento* está longe de esclarecer se o Brasil foi descoberto por acaso ou não. Ele próprio acredita que a palavra insinua idéia de acaso mas, por via das dúvidas, transcreve esta opinião de dona Carolina Michaëlis de Vasconcellos, ilustradíssima filóloga portuguesa: "*Des-*

cobrimentos e sobretudo *achados* podem ser casuais. *Achamento*, pelo contrário, é ação praticada por quem antes procurou..."

SEM AFORMOSEAR NEM AFEAR

Senhor
Mesmo que o Capitão-mor desta vossa frota e também os outros capitães escrevam a Vossa Alteza a notícia do achamento desta vossa Terra Nova que, agora, nesta navegação se achou, não deixarei, também, de dar disso minha conta a Vossa Alteza, tal como eu melhor puder, ainda que para bem contar e falar o saiba fazer pior que todos. Mas tome Vossa Alteza minha ignorância por boa vontade; e creia, como certo, que não hei de pôr aqui mais que aquilo que vi e me pareceu, nem para aformosear nem para afear. [...]

Então, seguimos nosso caminho, por esse mar de longo, até terça-feira de Oitavas de Páscoa, que foram 21 dias de abril, quando topamos alguns sinais de terra, sendo da dita ilha, segundo os pilotos diziam, obra de 660 ou 670 léguas; os sinais eram: muita quantidade de ervas compridas, às quais os mareantes chamam botelho; e, ainda, outras a que também chamam rabo-d'asno. Na quarta-feira seguinte, pela manhã topamos aves a que chamam fura-buchos e neste dia, a horas de véspera, avistamos terra, a saber: Em primeiro lugar um monte grande, muito alto e redondo e outras serras mais baixas ao sul dele; a terra rasa, com grandes arvoredos. Ao mesmo monte alto pôs o Capitão o nome de Monte Pascoal; à terra – Terra de Vera Cruz. [...]

Dali houvemos vista de homens que andavam pela praia, cerca de sete ou oito, segundo os navios pequenos disseram, porque chegaram primeiro [...] E o Capitão mandou no batel, a terra, Nicolau Coelho para ver aquele rio; e quando começou a ir para lá acudiram, à praia, homens, aos dois e aos três; assim, quando o batel chegou à foz do rio estavam ali dezoito ou vinte homens, pardos, todos nus, sem nenhuma roupa que lhes cobrisse suas vergonhas. Traziam arcos nas mãos e suas setas. Vinham todos rijos para o batel e Nicolau Coelho fez-lhes sinal para que deixassem os arcos e eles os pousaram.

Mas não pôde ter deles fala nem entendimento que aproveitasse porque o mar quebrava na costa. Apenas lhes deu um barrete vermelho e uma carapuça de linho que levava na cabeça e um sombreiro preto. E um deles deu-lhe um sombreiro de penas de aves, compridas, com uma copazinha pequena, de penas vermelhas e pardas como as de papagaio. E outro deu-lhe um ramal grande de continhas brancas e miúdas que parecem ser de aljaveira, peças que, creio, o Capitão manda a Vossa Alteza. E com isto voltou às naus por ser tarde e deles não poder haver mais fala pelo estado do mar. [...]
A feição deles é serem pardos, quase avermelhados, de rostos regulares e narizes bem feitos; andam nus sem nenhuma cobertura; nem se importam de cobrir nenhuma coisa, nem de mostrar suas vergonhas. E sobre isto são tão inocentes, como em mostrar o rosto. Traziam, ambos, os beiços de baixo furados e, cada um, metidos neles, ossos de osso mesmo, brancos, medindo uma mão travessa e da grossura de um fuso de algodão e agudo na ponta, como furador. [...]
Andavam ali muitos e a maior parte deles, ou quase, traziam aqueles bicos de osso nos beiços; e alguns que andavam sem eles traziam os beiços furados [...] Outros traziam carapuças de penas amarelas e outros de vermelhas e outros de verdes. Uma daquelas moças estava toda tinta, de baixo a cima, daquela tintura, a qual, na verdade, era tão bem feita e tão redonda; e sua vergonha, que ela não tinha, tão graciosa, que a muitas mulheres de nossa terra, vendo-lhe tais feições, faria vergonha, por não terem a sua como ela. [...]
No domingo de Pascoela, pela manhã, determinou o Capitão de ir ouvir missa e pregação naquele ilhéu e mandou todos os capitães que se acomodassem nos seus batéis e fossem com ele. E assim foi feito. Mandou armar naquele ilhéu um esperável e dentro dele levantar um altar muito bem arranjado. E, ali, com todos nós, fez dizer missa, que celebrou o padre frei Henrique. [...]
Enquanto estávamos à missa e à pregação estaria na praia outra tanta gente, pouco mais ou menos, como ontem, com seus arcos e setas. [...] Também andava lá outra mulher moça com um menino

ou menina no colo, atado com um pano, não sei de que, aos peitos e não lhe apareciam senão as perninhas. [...]

Andávamos por ali vendo a ribeira, a qual é de muita água e muito boa. Ao longo dela há muitas palmas, não muito altas, em que há muito bons palmitos. Colhemos e comemos muitos deles. Então, voltou o Capitão para baixo, para a boca do rio onde desembarcamos e, além do rio, andavam muitos deles dançando e folgando uns frente aos outros, sem se pegarem as mãos e faziam-no bem. [...]

De tal maneira se passou a coisa, que bem vinte ou trinta pessoas das nossas se foram com eles, onde muitos outros deles estavam, com moças e mulheres e trouxeram de lá muitos arcos e barretes de penas de aves, alguns verdes e alguns amarelos, de que creio o Capitão há de mandar mostra a Vossa Alteza; e, segundo diziam esses que lá foram, folgavam com eles. [...]

Na terça-feira, depois de comer, fomos em terra dar guarda de lenha e lavar roupa. Estavam na praia, quando chegamos, cerca de sessenta ou setenta, sem arcos e sem nada. Tanto que chegamos, vieram-se logo para nós sem se esquivarem. E depois acudiram muitos, que seriam uns duzentos, todos sem arcos. E misturaram-se todos, tanto, conosco, que nos ajudavam, alguns, a acarretar lenha e metê-la nos batéis; e disputavam com os nossos e tomavam muito prazer. [...]

Enquanto andávamos nesta mata a cortar a lenha, atravessaram alguns papagaios por essas árvores, alguns verdes e outros pardos; grandes e pequenos de maneira que me parece que haverá nesta terra muitos, mas eu não vi mais que até nove ou dez. [...]

Na quarta-feira não fomos a terra porque o Capitão andou todo o dia no navio dos mantimentos, a despejá-lo e fazer levar às naus aquilo que cada um podia levar. Eles acudiram à praia muitos, segundo das naus vimos, que seriam obra de trezentos, segundo disse Sancho de Tovar, que lá foi. [...]

Eles não lavram nem criam; nem há aqui boi, nem vaca, nem cabra, nem ovelha, nem galinha; nem nenhuma outra alimária que costumada seja ao viver dos homens; nem comem senão desse inhame que aqui há muito; e dessas sementes e frutos que a terra e as árvores de si lançam. E, com tudo isso, andam tais e tão rijos e tão nédios, que o não somos nós tanto, com quanto trigo e legumes comemos. Enquanto ali andaram, este dia, sempre dançaram ao som de um tamborim nosso e bailaram com os nossos, de maneira que são muito mais nossos amigos que nós seus. [...]

Essa terra, Senhor, me parece que da ponta que mais contra o sul vimos, até à outra ponta que contra o norte vem, de que nós deste porto houvemos vista, será tamanha que haverá nela bem vinte ou vinte e cinco léguas por costa. Traz, ao longo do mar, em algumas partes, grandes barreiras, algumas vermelhas, algumas brancas; e a terra por cima é toda plana e muito cheia de grandes arvoredos. De ponta a ponta é toda praia rasa, muito plana e bem formosa.

Pelo sertão, pareceu-nos do mar muito grande, porque a estender a vista não podíamos ver senão terra e arvoredos, parecendo-nos terra muito longa. Nela, até agora, não pudemos saber que haja ouro nem prata, nem nenhuma coisa de metal, nem de ferro; nem as vimos. Mas, a terra em si é muito boa de ares, tão frios e temperados, como os de Entre-Douro-e-Minho, porque, neste tempo de agora, assim os achávamos como os de lá. Águas são muito e infindas. De tal maneira é graciosa que, querendo aproveitá-la, dar-se-á nela tudo por bem das águas que tem. [...]

E desta maneira, Senhor, dou aqui a Vossa Alteza notícia do que nesta vossa terra vi. E, se algum pouco me alonguei, Ela me perdoe, que o desejo que tinha de vos dizer tudo, me fez assim pôr pelo miúdo. Pois que, Senhor, é certo que, assim, neste cargo que levo, como em outra qualquer coisa, que de Vosso serviço for, Vossa Alteza há de ser, por mim, muito bem servida. A Ela peço que, para me fazer singular mercê, mande vir da Ilha de São Tomé Jorge de Osório, meu genro, o que d'Ela receberei em muita mercê. Beijo as mãos de Vossa Alteza.

Deste Porto Seguro da vossa Ilha de Vera Cruz, hoje, sexta-feira, primeiro dia de maio de 1500.

O Dia em que um Certo Barão Criou o Jogo do Bicho

A imprensa costuma elogiar ou criticar (mais esta que aquela) com o mesmo, digamos, entusiasmo com que volta atrás. Os "arrependimentos" não constituem, todavia, um exercício do jornalismo dito moderno; a *mea culpa* talvez seja tão antiga quanto a própria escrita e o leitor tem sido abastecido de tais informações, graças, principalmente, às páginas do Instituto Gutenberg.

Ao viajar pelo túnel do tempo, deparamos com esses tropeços editoriais, alguns leves e até graciosos, se comparados a tantos e tantos estragos provocados, historicamente, pela prática de um jornalismo assaz impetuoso ou apressurado, como diziam os antigos. Um desses exemplos donairosos está à disposição de qualquer estudioso no site "O Rio de Janeiro Através do Jornais", que João Marcos Weguelin mantém na Internet (www.uol.com.br/rionosjornais/rj04.htm), e nos revela a posição da imprensa carioca diante de uma novidade do final do século XIX: o jogo do bicho.

Quando o Barão de Drummond anunciou sua "benemérita" idéia de realizar sorteios no Jardim Zoológico, com o intuito, dizia-se, de dar conforto à bicharada e oferecer boa distração ao público, a imprensa festejou. A inauguração aconteceu no domingo, 3 de julho de 1892, em meio a concertos, bailes públicos, circos de cavalinhos, bilhares, jogos carteados, jogo de bola e outros modos de diversão, segundo a cobertura do *Jornal do Brasil*, *O Tempo*, *Diário do Commercio*, *Diário de Notícias*, *O Paiz*, *Gazeta de Notícias*, *Jornal do Commercio*, *Gazeta da Tarde*.

Autoridades da recém-instalada República andaram fazendo sua fezinha e a *Gazeta da Tarde* chegou a anunciar: "O Marechal Floriano Peixoto visitará brevemente o Jardim Zoológico". O "bicho" foi um notável acontecimento social.

Dois textos foram selecionados; o primeiro da segunda-feira, 4 de julho de 1892, publicado pelo *Jornal do Brasil*, e o outro, com data de 23 de julho, menos de três semanas após o primeiro sorteio (deu avestruz na cabeça), que saiu em *O Tempo*. Este marcou a "virada" da imprensa contra a jogatina e é assinado por certo Maximo Job, talvez pseudônimo, porém, com absoluta certeza, um monarquista de fé.

Que se delicie o prezado leitor.

(P.S.: A expressão *ex digito gigas*, que abre o último parágrafo da matéria de *O Tempo*, é provérbio latino e significa "pelo dedo se conhece o gigante", muito apropriado ao artigo de 1892 e ainda atualíssimo.)

Festa Esplêndida

A empresa do Jardim Zoológico realizou ontem um magnífico passeio campestre ao seu importante estabelecimento, situado no pitoresco bairro de Vila Isabel.

Em bondes especiais dirigiram-se os convidados e representantes da imprensa àquele local e depois de visitarem o hotel, que se acha nas melhores condições, os jardins, as gaiolas em que se acham os animais e aves, tomaram parte de um lauto jantar, em mesa de mais de sessenta talheres, presidida pelo digno diretor daquela empresa, o sr. Barão de Drummond.

O 1º brinde foi levantado pelo sr. Sérgio Ferreira ao sr. Barão de Drummond, que em seguida com toda a gentileza brindou à imprensa, sendo correspondido pelo nosso representante. Trocaram-se ainda outros brindes, sendo o último ao sr. Vice-Presidente da República.

Como meio de estabelecer a concorrência pública, tornando freqüentado e conhecido aquele estabelecimento que faz honra ao seu fundador, a empresa organizou um prêmio diário que consiste em tirar à sorte dentre 25 animais do Jardim Zoológico o nome de um, que será encerrado em uma caixa de madeira às sete horas da manhã e aberto às cinco horas da tarde, para ser exposto ao público. Cada portador de entrada com bilhete que tiver o animal figurado tem o prêmio de 20$. Realizou-se ontem o primeiro sorteio, recaindo o prêmio no Avestruz, que deu uma recheada pule de 460$000.

A empresa tem em construção um grande salão especial para concertos, bailes públicos, e vai estabelecer no jardim jogos infantis e outros diversos para o público.

Às nove horas voltaram os convidados, pessoas de alta distinção, penhorados todos à gentileza do sr. Barão de Drummond e seus dignos auxiliares. Foi uma festa esplêndida.

Jornal do Brasil
4 de julho de 1892

"O Trabalho" da Época

Quem nasceu para dez réis nunca chega a vintém – é verdade que nenhum caipora é capaz de contestar.

Nestes dias de prosperidade, de progresso amamentado pelo papel moeda que às enxurradas de magníficos negócios engrandeceram o gênio das finanças, é sabido que a melhor e mais segura indústria é a do jogo e loterias sob todas as formas. Já tínhamos cassinos, clubes, cercles e outros grandes estabelecimentos industriais que prosperam a bragas molhadas sem auxílio nem nada. Temos agora a loteria zoológica, a véspora dos bichos, a roda das alimárias.

Atirei ao trabalho honrado, isto é, ao novo jogo que é o trabalho da época. Aquele provérbio dos dez réis que não passa a vintém, haja o câmbio que houver, perseguiu-me até nesta invenção biolotérica. Os bichos fogem do caipora como o demo da caldeirinha. Caso singular!

Perco sempre na mesma.

Outro dia joguei no peru e saiu o pavão, galináceo como aquele e tão vaidoso como o seu parente, mas com a diferença de que um me daria vinte mil réis e o outro fez-me perder mil réis. Comprei uma entrada com o "gato" e perdi nas garras do "tigre", ambos felinos, e diversos no estado de domesticidade e no estado selvagem.

Para maior dos pecados, quando contava desforrar-me com o elefante, cuja corpulência e força devia arrasar tudo, caiu da caixinha a estampa corcunda do camelo. Tanto um como o outro são paquidermes, mas o camelo deu os vinte mil réis e o elefante nem um níquel.

Sendo a loteria cientificamente zoológica, por que não se aplicar o sensato e justo sistema esportivo de correr as pules por coudelarias? Neste caso os lotes seriam por famílias, gêneros e espécies. Quem jogasse nos felinos poderia ganhar com o gato ou com o tigre; entre os galináceos, o peru seria tão bom segundo como o pavão foi primeiro. Entre os roedores poderia eu achar dente de coelho ou apanhar ratazanas nédias e roliças com o seu recheio de notas de mil réis e farofa de vinte mil ditos. Quisesse eu jogar na alta e molhar-me-ia com os trepadores e se o tucano caísse por qualquer descuido, o papagaio de vistosas penas me levaria às alturas das finanças. E os répteis não poderiam dar a fortuna do prêmio gordo, tamanha é a família e tão rasteiro o seu gênero? A roda biolotérica não está tão bem organizada; precisa de reforma, pelo menos enquanto eu perder nesse pacão.

O que não posso contestar é que o sistema, como se dizia no tempo de Law, é genuinamente popular. É vir à rua do Ouvidor às cinco horas da tarde, quando a caixa sobe para os que têm de ir ao cofre, para se reconhecer que o inventor da víspora é homem de gênio. Na primeira revolução em que eu tenha influência fá-lo-ei ministro da Fazenda. Então é que o Brasil verá o que são bancos geniais de emissão e encilhamento de corar de vergonha todas as ruas Quincampoix e Alfândega passados e por vir.

Ex digito gigas. Por aqueles papéis de bichos pintados, avalia-se o gênio de um povo e a moralidade de um regime político. Ganhar pelo trabalho é uma velharia e custa uma vida inteira. Hoje reza-se por outra cartilha: o jogo, a sorte, o ágio e a advocacia administrativa parlamentar que em um abrir e fechar de mãos levam um homem a habitar palácios principescos em Lisboa ou pelintrar nos *boulevards* de Paris. O gênio que criou tudo isso bem sabe o que fez.

Maximo Job
O Tempo
23 de julho de 1892

Um Texto Político tão Sonoro como Poema dos Bons

No final do século XIX e início do século XX, a vida social e política das grandes cidades acontecia na rua, onde o homem que passa tudo vê, examina, comenta, indigna-se quase sempre. Amadeu Amaral (1875-1929), poeta, escritor e, principalmente, jornalista profissional, escrevia com singular sonoridade sua prosa nascida da observação do dia-a-dia. Estilo de poeta, e dos bons, que foi. Pré-modernista, como se diz dos rapazes que construíam catedrais imensas no coração, naquele intervalo entre o fim do parnasianismo e o nascimento do verso livre e desimpedido.

O que nos interessa aqui, porém, é o Amaral repórter, embora seja mister que aconselhemos a leitura de seus livros, mais *Espumas* que *Urzes* ou *Névoa*, estes dois últimos abraçados ao romantismo. *Espumas*, não; esta é obra da maturidade, o poeta tinha 42 anos quando lhe deu à estampa, em 1917.

O jornalista, cujo talento o texto a seguir bem ilustra, começou a carreira profissional no *Correio Paulistano* e depois, em 1910, se transferiu para *O Estado de São Paulo*; em 1922, embarcou para o Rio de Janeiro, contratado como secretário de redação da *Gazeta de Notícias*, mas permaneceu colaborador d'*O Estado*. No Rio, também fundou e dirigiu a *Novela Semanal* e voltou a São Paulo para trabalhar no *Diário da Noite* e no *Diário Nacional*, de que foi redator-chefe.

O texto que transcrevemos, com data de 1913, foi publicado n'*O Estado*. É crônica política de uma época agitada e, para variar, muito parecida com os dias de hoje. "O que interessa são os acontecimentos em si mesmos, sem mais nada – justamente como, num hipódromo, o que interessa é a corrida dos cavalos e não o aperfeiçoamento das raças cavalares", alfineta o cronista. "Acompanham-se os fatos pelo prazer de assistir a uma luta, para ver quem é mais hábil ou mais forte, para gozar com intrigas que se entrelaçam, prenhes de boatos emocionantes, de boas anedotas, de traços pitorescos, de potins deliciosos".

[Lembro ao prezado leitor que o sr. Pinheiro mencionado é o líder político José Gomes Pinheiro Machado (1851-1915), gaúcho "invocado", que não levava desaforo nem para casa nem para o Senado, onde, digamos, reinou por muito tempo. Atribui-se a Pinheiro Machado a eleição à Presidência da República do Marechal Hermes da Fonseca, que derrotou o civilista Rui Barbosa em 1910. Grande articulador, o gaúcho reuniu, sob seu braço forte, as lideranças do Rio Grande do Sul e Minas, mais as do Norte e Nordeste, e mandou e desmandou pelo País afora.]

Por Aí

No bonde, ao meu lado, um cidadão de respeitável aspecto lia pachorrentamente *O Estado*... de repente, os seus supercílios se contraíram, e contraídos se mantiveram, com rápidos intervalos, por alguns minutos. O seu olhar ziguezagueava então pela coluna dos "Jornais do Rio", sobre as transcrições dos comentários referentes ao momento político. Depois, esse homem dobrou atabalhoadamente o jornal, esboçando o gesto de defesa instintiva, de quem repele a aproximação de um bicharoco repugnante. O guarda-chuva – um sólido e honesto guarda-chuva de cabo volteado – escorregou-lhe do braço e ia tombando. O pachorrento burguês de há pouco, cujas exterioridades diziam calma e bonomia, vibrava agora como um rapaz impetuoso. Soltou um palavrão e, dirigindo-se ao vizinho do outro lado:

– Cá está outra vez a inferneira da politicagem... Tudo louco! Já não se pode ler um jornal. São só intrigas indecentes, descomposturas reles, invectivas torpes, mentiras de todos os tamanhos e engrossamentos miseráveis; e, no final das contas, fica-se sem perceber coisa nenhuma de tudo isso. Que pândega, meu amigo! Foi para isto que os senhores fizeram essa República? Foi para desencadear por esta forma sobre o País essas tempestades de paixões políticas?...

Havia muito tempo que eu não me encontrava com um homem que assim vibrasse deveras por tais assuntos. Não que geralmente não haja um grande interesse pelos acontecimentos políticos. Ao contrário, toda a gente os acompanha com sofreguidão: os jornais aumentam as tiragens, as edições são devoradas, não se fala noutra coisa, e não há conversação que não se inicie com esta pergunta sacramental: "Que há de novo pela política?" Não acreditemos, porém, que esse interesse pelos acontecimentos signifique necessariamente interesse pela causa pública, pela sorte das instituições, pela moralidade do regime, pelo bem da pátria. Tudo isso são expressões que passaram de moda e cheiram, hoje em dia, a ingenuidade de colegial pernóstico. O que interessa são os acontecimentos em si mesmos, sem mais nada – justamente como, num hipódromo, o que interessa é a corrida dos cavalos e não o aperfeiçoamento das raças cavalares. Acompanham-se os fatos pelo prazer de assistir a uma luta, para ver quem é mais hábil ou mais forte, para gozar com intrigas que se entrelaçam, prenhes de boatos emocionantes, de boas anedotas, de traços pitorescos, de potins deliciosos. Por isso, aquele velhinho pacato, que de repente se expandiu, ao pé de mim, numa inconfundível vibração de sentimento profundo, tão diversa da barulhenta agitação superficial que marulha e espumeja por aí fora, recebeu de mim, sem o saber, sem que jamais o pudesse pressentir, a comovida homenagem de um futuro olhar de simpatia e de respeito... Aquele homem ainda acreditava em alguma coisa, ainda tinha a superstição da verdade e do ideal, ainda vibrava por política; vibrava, sim, deveras, porque há um chispear de olho, um afluxo de sangue às têmporas, um calor de voz que dizem mais do que todas as palavras. E eu nem bendisse os fados pelo encontro que me proporcionaram; para uma viagem de bonde, era a máxima fortuna.

A simpatia que experimentei por esse inesperado companheiro

de viagem me fez atentar para a sua modesta pessoa. Era talvez um pequeno negociante, talvez um funcionário público. A sua maneira de refestelar-se no banco, o sossego com que se pôs a ler o seu jornal através dos óculos escuros, adrede escangalhados sobre a ponta do nariz, o guarda-chuva que lhe pendia do braço e o embrulho de frutas que lhe descansava sobre os joelhos traduziam uma tranquila mediania e a paz interior de alguém que vive regularmente a sua vida. Julguei mesmo descobrir-lhe nos olhos certa coisa vaga, a que logo se me associou a imagem familiar do velho gato que maciamente se encaminha para o morno aconchego do borralho, à hora serena em que se extinguem as últimas brasas. E eu vim pensando comigo que esse homenzinho tão típico e tão normal não podia constituir, absolutamente, uma exceção. Muitos outros homens como ele, pacatos pais de família, singelos trabalhadores, despretensiosos cidadãos, deviam identicamente conservar na alma essa virginal faculdade de se comover com as misérias que enxovalham e atormentam a sua terra. Muitos e muitos outros há, com certeza, que ainda não resvalaram para o ceticismo comodista e risonho que vive dentro da própria pátria como um espectador de arquibancada, que transforma os ásperos e viris deveres do cidadão num simples exercício de curiosidade malsã, de bisbilhotice dissolvente e de estéril maledicência, e que, raro se indignando de alguma coisa, de tudo ri mais cedo ou mais tarde. Esses homens simplórios existem, decerto, por aí, às dúzias. O que se dá é que vivem modestamente presos à profissão e à família, não figuram no desfile cotidiano das caras conhecidas e perdem-se na onda – em que só por acaso se misturam – dos que falam, gritam, discutem, apupam e gargalham, compondo com esses ruídos vários a grande voz respeitável da seriníssima Opinião Pública. Há, portanto, ainda, uma reserva, – oh! muito reduzida! – de patriotismo sadio, afetivo, sincero, puro... Como isto seria consolador, se se pudesse verificar com exatidão.

Houve um momento em que o meu vizinho de banco olhou para mim, como a pedir assentimento às suas palavras. Sorri, aprovando

com a cabeça. A única coisa que eu lhe diria, se o coração não me houvesse mandado calar, seria o seguinte:
— Sim, tem razão de se irritar. A comédia prolonga-se demasiado. Um partido cindiu-se. Todos os políticos de todos os Estados acham-se, há um mês, numa dobadoura. As conferências sucedem-se às conferências. O sr. Pinheiro caiu. O sr. Pinheiro levantou-se. A coligação move-se e pára, avança e recua, desmancha-se e recompõe-se. A agitação lavra no Parlamento, lavra na imprensa, lavra por toda parte. Fala-se em traições negras, em maquinações tenebrosas, em bandalheiras horríveis, em atentados brutais. Dir-se-ia que alguma coisa de muito grande, muito séria, muito grave está em jogo no meio dessa disputa intrincada. Entretanto, até hoje não sabemos nada! Não sabemos por que foi a briga, não sabemos o que é que está em jogo, não sabemos o que é que pretendem os coligados, que é que o sr. Pinheiro ordena para o nosso bem, que é que São Paulo representa nesta embrulhada! Não há uma voz autorizada que nos exponha a situação com clareza, que nos explique pelo miúdo qual seja o interesse nacional constituído em pomo de discórdia, que fale perante o País uma palavra clara e firme de verdade e de sinceridade. Treva absoluta. Só pode rastrear o sentido geral dos acontecimentos quem se acha familiarizado com o ambiente especial em que eles se desenrolam. Ainda assim, feliz daquele que não perder o fio de repente!
Ora, o senhor atribui toda essa inferneira, como diz, a uma singular exacerbação das paixões políticas. Aqui, discordamos. Esta inferneira não seria tão complicada e tão escura, se fosse obra de paixões políticas. Paixão política seria a intensificação exagerada do sentimento partidário, da inclinação para o mundo, para a influência, para a popularidade. Poderia também ser a projeção enérgica e vivaz de uma convicção forte no campo do sentimento, a irradiação afetiva de uma idéia. Paixão política teve-a Feijó, o robusto e indomável servidor da ordem e da paz, teve-a José Bonifácio, o pai da Pátria, teve-a Floriano, o inflexível, assombroso herói da resistência e da luta pelos princípios, teve-a Silva Jardim, que conheceu o sofrimento, a ingratidão, o perigo e o sacrifício por uma simples opinião que

levava lá consigo. Paixões dissimulam-se às vezes, mas não se escondem. Em regra, são explosivas, não se compadecem com o segredo; são fulgurantes, não rojam no escuro. Os nossos políticos são desapaixonados. Façamos-lhes justiça. Pascal, que conhecia um bocado estas coisas, disse que nada de grande se faz neste mundo sem a paixão. Ora, pelo fruto se conhece a árvore... Não, o que lhes falta é justamente a capacidade de se apaixonar. Seguem demasiadamente à risca o preceito desacreditado dos estóicos: arrancam de si até as raízes das paixões, escalracho daninho que afoga o raciocínio e perturba o exercício regular das faculdades nobres do espírito... Eles não se comovem – calculam!

O Estado de S. Paulo
8 de junho de 1913

O Marechal,
num Perfil do Irônico e Genial Guanabara

Entre os alfarrábios que o pai lhe deixou, no fundo de um baú em Andradina, interior de São Paulo, Adolfo Musolino encontrou ensalmourado exemplar do *Quarto Livro de Leitura*, editado pelos professores da Escola Gratuita São José, composto e editado pela Typographia das "Vozes de Petropolis", em outubro de 1927. Há preciosidades nesta obra tão familiar aos veteranos; 421 páginas que ensinaram a ler, que orientaram velhos "ditados" a tantas gerações.

O texto que nos interessa aqui intitula-se "Marechal Floriano" e pertence à admirável lavra de Alcindo Guanabara, um dos mais talentosos jornalistas brasileiros de todos os tempos. O *Quarto Livro* não revela em que jornal ou revista o perfil do vice-presidente da República foi originariamente publicado, mas o ano deve ser 1891. Sua Excelência estava com 52 anos de idade, mas, conservadíssimo, iludiu a argúcia de Guanabara, que não lhe deu mais de 44 ou 46 anos.

Irônico, o jornalista diz, num trecho para o qual chamo a atenção do leitor: "[...] O Marechal Floriano, que tem tantas vezes passado por cima da lei, tem por ela uma veneração sincera. Conscientemente, é absolutamente incapaz de violá-la". O texto parece dar razão aos que acreditam numa velha história que teria sido protagonizada por Alcindo Guanabara, da qual circulam variadas versões. O cenário era a Redação do *Jornal do Commercio*, do Rio, durante a Semana Santa. O comendador Botelho, gerente do jornal, encomendara a seu principal redator um artigo sobre Jesus Cristo. Guanabara lhe teria perguntado: "Contra ou a favor?"

Membro fundador da Academia Brasileira de Letras, deputado à

Constituinte de 1891, senador, Alcindo Guanabara, nascido em 1865, em Magé, Rio de Janeiro, morreu no Distrito Federal, em 19 de agosto de 1918. Estava com 53 anos.

Marechal Floriano

O tipo do marechal Floriano é dos mais curiosos que o historiador futuro terá de estudar.

Raramente haverá um homem político de quem se tenha dito tanto bem e tanto mal; cujo caráter tenha provocado tantas e tão contraditórias opiniões; cuja personalidade e cuja ação tenham suscitado, ao mesmo tempo, tanto entusiasmo e tanto ódio. Isto basta para significar que ele não é um homem vulgar; e quem o conhecer poderá dizer, até, que é excepcionalmente raro, tão raro, que dificilmente encontrará uma fórmula precisa para defini-lo.

Caboclo do norte, homem de 44 a 46 anos, de estatura mediana, cabeça bem conformada, testa larga, nariz grosso e reto, lábios grossos cobertos de bigode escasso, queixo rigorosamente escanhoado, suíças imperceptíveis, duas rugas sensíveis e fortes descendo das abas das narinas ao canto dos lábios, que lhe animam e adoçam a fisionomia rude, olhos pardos, grandes, fundos e de extrema mobilidade, mal velados pelos cílios, quase sempre baixos, eis em duas palavras o aspecto do vice-presidente da República.

Quase nunca aparece em público; e, quando o faz, veste sempre a sua farda de marechal do exército, trazendo ao peito as medalhas de campanha, ganhas no Paraguai. Em casa, de ordinário, as suas vestes habituais consistem na calça e no jaleco de brim, sem goma.

Tem o tipo de indolente das zonas tropicais; mas ninguém o julgue por tais aparências; é dotado de um raríssimo poder de trabalho. Fala pouco; se dá ordens, dá-as em tom rápido e incisivo e da forma mais lacônica possível; se conversa, ouve mais do que fala e, quando fala, só diz o que lhe convém dizer. Dispõe dessa preciosa faculdade de entreter o interlocutor durante horas, sem que se tenha de queixar de sua polidez e sem também ter-lhe apanhado mais do que frases gerais.

É um chefe de família modelo.

Sua honestidade pessoal é conhecida e reconhecida. É de uma economia rigorosa; sua casa é dirigida com a ordem e parcimônia da de qualquer burguês que deseja pôr no mealheiro uma parte de suas escassas rendas anuais.

Intelectualmente, não dispõe de uma instrução que habilite a ser um sábio ou um erudito; mas dispõe da instrução necessária para estar ao nível dos homens políticos do seu tempo.

É arguto e sagaz, aprende rapidamente as questões, tem uma inteligência lúcida. Não fala senão sua língua e, além desta, lê somente o francês.

No fundo, é um cético voltairiano, esse ceticismo armou-o de uma desconfiança geral, absoluta, profunda, contra tudo e contra todos.

Desconfia: portanto, vigia, inquire, esquadrinha. Pode ouvir o que lhe dizem – e é raro que o faça – mas ninguém jamais pôde gabar-se de que o determinou a fazer isso ou aquilo; delibera por si exclusivamente.

Desta modalidade de seu caráter resultou que o regime presidencial se transformou em regime pessoal. Os ministros são entidades que não existem, nem agem nos conselhos do governo, porque o chefe não recebe conselhos. Concentrou em suas mãos todos os negócios do Estado, convencido de que, sendo sua a responsabilidade, necessário se tornava que tudo fosse feito segundo sua vontade, e assim é desde a nomeação do último contínuo.

Sem nenhuma questão, o marechal Floriano é essencialmente militar, dominado pelo espírito militar, apaixonado pela classe militar. O seu governo seria sempre o reflexo dessa tendência de seu espírito; mas, dada sua serenidade, poderia ter sido – e naturalmente seria – muito menos acentuada do que foi, se o fato de se achar sempre ameaçado não o houvesse colocado na contingência de preparar o elemento de defesa. Porque – verão quando serenarem as paixões – o serviço que ele prestou de haver resistido à revolução e de manter-se no posto em que a lei o colocou, foi o maior que se podia prestar à nossa pátria, ameaçada de se engolfar no abismo da caudilhagem. E essa intenção foi sempre a sua. Não há homem político que lhe não tenha ouvido dizer um ror de vezes, desde muito tempo.

– Desta cadeira, só duas forças são capazes de me arrancar: a lei ou a morte.

Porque – é um fenômeno curioso dessa psicologia complicada – o marechal Floriano, que tem tantas vezes passado por cima da lei, tem por ela uma veneração sincera. Conscientemente, é absolutamente incapaz de violá-la.

Se lhe provarem que tal fato fere de frente os artigos de tal lei, por mais que o deseje, desiste dele imediatamente. Esta preocupação da lei só é menor, em seu espírito, do que a preocupação da República. Muito se tem contestado – e talvez não sem razão – que sob seu governo tenhamos vivido em República, nome, aliás, que tem a virtude singular de dizer tudo sem exprimir nada.

Mas o fato é que o marechal Floriano não obedece, não sente e não se guia por mais forte intenção, senão essa de manter, defender e sustentar a República.

Alcindo Guanabara
1891

Eça Jornalista, no Ano em que se Celebra sua Morte

De 1880 a 1897, Eça de Queirós foi colaborador da *Gazeta de Notícias*, do Rio de Janeiro. Enviou textos de Lisboa e também de Londres e Paris, cidades onde serviu como cônsul de Portugal. Não se tratava de sinecura, mordomia; Eça era diplomata admitido por concurso, em 1870. Seria ocioso repetir que aqueles anos foram os mais generosos de sua vida literária. Basta lembrar que *A Relíquia* é de 1887, o monumental *Os Maias* veio a lume em 1888 e *A Ilustre Casa de Ramires* surgiu em 1900, pouco antes da morte do autor, em 16 de agosto.

O texto que ora atravessa este *Túnel*, publicado na *Gazeta*, foi extraído de um volume póstumo, *Cartas de Inglaterra* (1903), o qual encerra o trabalho do autor como jornalista, juntamente com *Ecos de Paris* (1905) e *Cartas Familiares e Bilhetes de Paris* (1907). Vieram juntar-se a *Uma Campanha Alegre* (1890), reunião dos artigos publicados em *As Farpas*, mensário lançado em 1871 e que Eça dirigiu com Ramalho Ortigão.

O Eça jornalista mantém a criatividade e a riqueza do texto que encontramos nos contos e romances e isso vem reforçar a tese segundo a qual jornalismo pode ser também boa literatura e vice-versa. De *Cartas de Inglaterra*, escolhi trechos do artigo intitulado "O Brasil e Portugal" também porque, para um professor de História, é fundamental essa união entre o texto e o fato narrado. É bom respirar História pelo talento de um grande escritor.

Em "Brasil e Portugal", Eça analisa caudalosa reportagem do *Times*, cujo correspondente derramou severas críticas a este Império e às repúblicas vizinhas. O escritor faz uma leitura irônica do, digamos, despacho do inglês, bem à sua moda, e aproveita para criticar o atraso português, um de seus assuntos prediletos. Pena que nos falece espaço para acolher o texto completo. Não faz mal, vale a amostra. E, além do mais, *Cartas de Inglaterra* abunda nas boas livrarias, neste ano em que se celebra o centenário de morte de um artista deveras imortal.

O Brasil e Portugal

Os jornais ingleses desta semana têm-se ocupado prolixamente do Brasil. Um correspondente do *Times*, encarregado por esta potência de ir fazer pelo continente americano uma "vistoria social" definitiva, deu-nos agora, em artigos repletos e maciços, o resultado do seu ano de jornadas e de estudos. O último artigo é dedicado ao Brasil [...] Começa, pois, o grande jornal da City por dizer: [...] "Só o simples tamanho de um tal domínio (exclama) na mão de uma diminuta parcela de humanidade é já em si um fato suficientemente impressionador!" [...] Segundo o copioso relatório do seu correspondente, "o que surpreende na América do Sul (se excetuarmos aquela tira de terra que constitui a República do Chile, e alguns bocados da costa do enorme Império do Brasil) é a grandeza de tais recursos, comparada à desapontadora magreza dos resultados".

Seria fácil responder com a escassez da população. O *Times*, de resto, sabe-o bem, porque nos fala logo dessa população nas repúblicas espanholas, mas não a acha escassa; o que a acha é torpe!... A pintura que nos dá do Peru, Bolívia, Equador e consortes é ferina e negra: "Essa gente vive numa indolência vil, que não é incompatível com muita arrogância e muita exagerada vaidade! Desse torpor, só rompe por acesso de frenesi político. Todo trabalho aí empreendido para fazer produzir a natureza, é dos estrangeiros: os naturais limitam-se a invejá-los, a detestá-los por os verem utilizar oportunidades que eles mesmos não se quiseram abaixar a usar!"

[...] Continua: "Quando o Brasil quebrou os seus laços coloniais, não tinha a esquecer feias memórias de tirania e rapacidade; nem teve de suprimir genericamente todos os vestígios dum mau passado". Com efeito, pobres de nós! nunca fomos decerto para o Brasil senão amos amáveis e timoratos.

Estávamos para ele naquela melancólica situação de um velho fidalgo, solteirão arrasado, desdentado e trôpego, que treme e se baba diante de uma governanta bonita e forte. Nós verdadeiramente é que éramos a colônia: e era com atrozes sustos do coração que, entre uma Salve-Rainha e um Lausperenne, estendíamos para lá a mão à esmola... Continuemos. "[...] Da origem donde o Brasil deriva a sua atividade, deriva também (o que não é menos importante) o respeito pela opinião da Europa. O vadio das ruas de Lima, de Caracas ou de Buenos Aires, nutre um soberano desprezo pelos juízos que a Europa possa formar das suas tragicomédias políticas... Não tem consciência de coisa alguma, a não ser do seu sangue castelhano..."

[...] O *Daily Telegraph* já discutiu em artigo de fundo este problema: se seria possível sondar a espessura da ignorância lusitana! Tais observações, além de descorteses, são decerto perversas. Mas a verdade é que numa época tão intelectual, tão crítica, tão científica como a nossa, não se ganha a admiração universal, ou se seja nação ou indivíduo, só com ter propósito nas ruas, pagar lealmente ao padeiro, e obedecer, de fronte curva, aos editais do governo civil. São qualidades excelentes, mas insuficientes. Requer-se mais; requer-se a forte cultura, a fecunda elevação de espírito, a fina educação do gosto, a base científica e a ponta de ideal que em França, na Inglaterra, na Alemanha, inspiram na ordem intelectual a triunfante marcha para a frente; e nas nações de faculdades menos criadoras, na pequena Holanda ou na pequena Suécia, produzem esse conjunto eminente de sábias instituições, que são, na ordem social, a realização das formas superiores do pensamento.

Dir-me-ão que eu sou absurdo ao ponto de querer que haja um Dante em cada paróquia, e de exigir que os Voltaires nasçam com a profusão dos tortulhos. Bom Deus, não! Eu não reclamo que o país escreva livros, ou que faça arte; contentar-me-ia que lesse os livros que já estão escritos, e que se interessasse pelas artes que já estão criadas. A sua esterilidade assusta-me menos que o seu indiferentismo.

O doloroso espetáculo é vê-lo jazer no marasmo, sem vida intelectual, alheio a toda a idéia nova, hostil a toda a originalidade, crasso e mazorro, amuado ao seu canto, com os pés ao sol, o cigarro nos dedos e a boca às moscas... É isto o que punge.

E o curioso é que o país tem a consciência muito nítida deste torpor mortal e do descrédito universal que ele atrai. Para fazer vibrar a fibra nacional, por ocasião do centenário de Camões, o grito que se utilizou foi este – mostraremos ao mundo que ainda vivemos! que ainda temos uma literatura!

E o país sentiu asperamente a necessidade de afirmar alto, à Europa, que ainda lhe restava um vago clarão dentro do crânio. E o que fez? Encheu as varandas de bandeirolas, e rebentou de júbilo a pele dos tambores. Feito o que – estendeu-se de ventre ao sol, cobriu a face com o lenço de rapé, e recomeçou a sesta eterna... Donde eu concluo que Portugal, recusando-se ao menor passo nas letras e nas ciências para merecer o respeito da Europa inteligente, mostra, à maneira do vadio de Caracas, o desprezo mais soberano pelas opiniões da civilização. Se o Brasil, pois, tem essa qualidade eminente de se interessar pelo que diz o mundo culto, deve-o às excelências da sua natureza, de modo nenhum ao seu sangue português: como português, o que era lógico que fizesse era voltar as costas à Europa, puxando mais para as orelhas o cabeção do capote...

Mas, retrocedendo ao artigo do *Times*, a conclusão da sua primeira parte é que em riqueza e aptidões, o Brasil leva gloriosamente a palma às outras nacionalidades. Todavia, o *Times* observa no Brasil circunstâncias desconsoladoras: "Doze milhões de homens estão perdidos num estado maior que toda a Europa; a receita pública, que é de doze milhões de libras esterlinas, é muitos milhões inferior à da Holanda e à da Bélgica; com uma linha de costas de quatro mil milhas de comprimento, e com pontos de uma largura de duas mil e seiscentas milhas, o Brasil exporta, em valor de gêneros, a quarta parte menos que o diminuto reino da Bélgica".

[...] "Italianos, alemães, negros, têm sido, estão sendo importados para fazerem o trabalho duro, que repugna aos senhores do solo. Mas, inaclimatados, em certos distritos, eles nunca poderiam labutar como os naturais dos trópicos. Nem mesmo nas províncias mais temperadas do Império, jamais os imigrantes trabalharão resolutamente – até que o exemplo lhes seja dado pela população indígena, senhora da terra. O brasileiro ou tem de trabalhar por suas mãos, ou então largar a rica herança que é incompetente para administrar. À maneira que o tempo se adianta, vai-se tornando uma positiva certeza que todos os grandes recursos da América do Sul entrarão no patrimônio da humanidade."

O *Times* aqui embrulha-se. Prefiro explicar a sua idéia a traduzir-lhe a complicada prosa; quer ele dizer que o dia se aproxima em que a civilização não poderá consentir que tão ricos solos, como o dos Estados do Sul da América, permaneçam estéreis e inúteis, e que, se os possuidores atuais são incapazes de os fazer valer e produzir, para maior felicidade do homem, deverão então entregá-los a mãos mais fortes e mais hábeis. É o sistema de expropriação por utilidade de civilização. Teoria favorita da Inglaterra e de todas as nações de rapina...

[...] "O povo brasileiro, porém, tem qualidades excelentes e a Inglaterra não chegará prontamente à conclusão de que ele tem de partilhar a sorte de seus febris ou casmurros vizinhos... Mas, dadas as condições do seu solo, o Brasil mesmo tem a escolher, entre um semelhante futuro, ou então o trabalho, o duro esforço pessoal, contra o qual até agora se tem rebelado. Se o seu destino tivesse levado os brasileiros a outro canto do continente, nem tão largo nem tão belo, poder-se-ia permitir-lhes que passassem a existência numa grande sonolência. Mas ao brasileiro está confiada a décima-quinta parte da superfície do globo; essa décima-quinta parte é, toda ela, um tesouro de belezas, riquezas e felicidades possíveis; e de tal responsável – o brasileiro tem de subir ou de cair!"

E com esta palavra, à Gambeta, termino. Já se alonga muito esta carta, para que eu a sobrecarregue de comentários à prosa do *Times*. No seu conjunto é um juízo simpático. O *Times*, sendo, por assim dizer, a consciência escrita da classe média da Inglaterra, a mais rica, a mais forte, a mais sólida da Europa, tem uma autoridade formidável; escrevendo para o Brasil, eu não podia deixar de recolher as suas palavras – que devem ser naturalmente a expressão do que a classe média da Inglaterra pensa ou vai pensar algum tempo do Brasil. Porque a prosa do *Times* é a matéria-prima de que se faz em Inglaterra o estofo da opinião.

E reparando agora que, por vezes nestas linhas, fui menos reverente com o *Times* – murmuro, baixo e contrito, um *peccavi*...

"Gazeta",
extraído de um volume póstumo,
Cartas de Inglaterra (1903)

Líder Político de Verdade era Francisco Glicério

Hoje, meu personagem é Francisco Glicério (1846-1916), deputado, senador, ministro de Estado, general honorário do Exército e coordenador de toda a vida política nacional num período agitado e nebuloso.

Na manhã de 15 de novembro de 1889, quando desabou o Império, Francisco Glicério era um dos líderes políticos de São Paulo em vigília na Corte; testemunhava o nascimento da República pela qual se batera e mais haveria de lutar pelos anos afora. Era um exagero de tenacidade este filho de família pobre de Campinas, ex-tipógrafo, escrevente de cartório e advogado provisionado, político por vocação, capaz de conceber e liderar o Partido Republicano Federal, primeira tentativa que aqui se fez para a criação de um partido político verdadeiramente nacional.

Em julho de 1893, Glicério, hábil "aglutinador de homens", reuniu a elite política para discutir os caminhos da sucessão do Marechal Floriano Peixoto, cujo governo esvaía-se na multiplicação dos tumultos. O objetivo da Convenção era criar um partido que unisse o País em torno de um nome para a eleição de 1894. Glicério sugeriu e foi escolhido o nome de Prudente de Moraes; o partido se chamou Partido Republicano Federal.

Durou pouco, como quase tudo neste País provisório – apenas até 1897 –, mas fez História e lançou a idéia da Federação que iríamos conhecer no século XX. A chamada "política dos governadores" roeu as bases do partido; dizia-se que o presidente eleito pelo PRF, Prudente de Moraes, era vaquinha de um presépio armado por Glicério, numa ventania de injustiças que somente o boato é capaz de gerar.

josé sebastião witter

Escolhi para deleite do leitor o Boletim, abaixo transcrito, da Convenção provisória do partido. Trata-se de documento que os pesquisadores e os demais não devem ignorar. Afinal, a história do PRF é, no mínimo, fascinante.

(Foi minha tese de doutoramento apresentada ao Departamento de História da Faculdade de Filosofia, Letras e Ciências Humanas da Universidade de São Paulo, sob o título *A Primeira Tentativa de Organização Partidária na República*, editada em 1984 pela Edições Arquivo do Estado de São Paulo. Recentemente, ganhou reedição sob o título *República, Política e Partido* – Edusc, Bauru – com prefácio de José de Souza Martins.)

BOLETIM OFICIAL DA CONVENÇÃO PROVISÓRIA DO PARTIDO REPUBLICANO FEDERAL

Em execução do art. 7º das bases orgânicas do nosso partido, votadas na assembléia dos representantes federais de trinta de julho último, reuniu-se regularmente a Convenção provisória e escolheu por escrutínio prévio os candidatos à futura eleição de Presidente e Vice-Presidente da República, a que o povo brasileiro deve proceder na data constitucional de primeiro de março de mil oitocentos e noventa e quatro.

Os delegados federais, com assento na primeira Convenção que se reúne no Brasil com o sério intuito de regularizar a intervenção dos partidos na eleição dos primeiros magistrados da nação, não têm outra intenção que a de imprimir a máxima coesão partidária entre os seus correligionários, respeitando-lhes todavia a autonomia individual e não esquecendo a independência federativa dos Estados, no suposto virtual de que a escolha da Convenção obrigará somente aos cidadãos, e aos agrupamentos partidários, que a aceitarem livremente, prestando a sua cooperação para o sucesso da campanha eleitoral.

Estas escusas são apresentadas aos nossos concidadãos e correligionários no desígnio de justificar a iniciativa dos senadores e deputados federais, reorganizando o partido e instituindo a Convenção provisória na ausência de outros órgãos de opinião partidária mais eficientes e, à falta absoluta de tempo, para a consulta popular em toda a União.

A Convenção pesou bem a extensão da sua responsabilidade, estudou demoradamente os antecedentes e normas de arregimentação partidária dos que no Brasil pregaram o novo regime e as dos povos americanos, e esforçou-se por medir com prudência o valor de sua intervenção; sentindo-se por isso plenamente convencida para poder comparecer perante a opinião nacional e ratificar o juízo dos que entenderam que a formação do nosso partido correspondia às exigências do atual momento político.

No seio dos representantes federais de uma e outra casa do Congresso Nacional, assembléia em que intervieram oposicionistas e governistas, manifestou-se e fundamentou-se o pensamento de subtrair as candidaturas presidenciais à influência exclusiva de um partido, a fim de que os eleitores aparecessem antes como representantes da Nação inteira. Esse pensamento foi rejeitado por quase unanimidade dos representantes por lhes parecer mais generoso do que prático, porquanto a ausência de partidos regulares no momento em que aquela deliberação passara não significava igualmente ausência de agrupamentos partidários que se disputassem a direção governamental da União e dos Estados, pois é certo que eles existiam e profundamente divergentes, somente alimentados por ódios e intuitos pessoais, cujos sentimentos, mais do que os princípios políticos de partidos organizados, promovem as divisões e as dissidências intestinas, são danosos ao desenvolvimento da civilização e à estabilidade das instituições.

Compreende-se que os partidos regulares, atingidos por circunstâncias sociais, que conturbem-lhes a marcha normal em épocas excepcionais, dêem-se tréguas aconselhados pela necessidade de uma ação comum, fatos esses tantas vezes observados na vida política dos povos cultos.

Mas nessas circunstâncias, que aparecem sob a ação de causas apreciáveis e regidas por leis conhecidas, os partidos operam e transigem como organismos, ou seja, para sofrerem renovações que os modifiquem, ou seja, para recomeçarem os mesmos intuitos uma vez transposto o embaraço social ou político que os deteve no seu modo de ser anterior.

Abandonar, porém, a eleição presidencial às sugestões individualistas dos Estados, por mais respeitáveis que elas sejam, é concorrer para o afrouxamento do sentimento de solidariedade que deve ligar indissoluvelmente os Brasileiros, tão certo é que, no regime federativo em que entramos, da mais completa autonomia administrativa, a unidade política é condição virtual da unidade nacional.

Demais, romper com açodamento antigas relações e certa preponderância espiritual que o centro tem exercido sobre as extremidades, é não atender a que os hábitos contraídos no Brasil durante mais de meio século de centralização política administrativa não podem ser transformados bruscamente, arbitrariamente, sem graves inconvenientes para a própria ordem política que se tem em vista fundar.

A ausência de partidos regulares que assumam perante a opinião a responsabilidade da eleição do governo nacional, importa ou no vício deprimente das candidaturas oficiais, ou nas surpresas das comanditas eleitorais, lançadas ao influxo de interesses pessoais ligados ou dependentes da administração pública.

Não nos é estranha a opinião dos que entendem que a defesa do regime instituído pela constituição de vinte e quatro de fevereiro, por ser comum a todos os que promoveram ou aceitaram a nova forma de governo, não pode constituir programa exclusivo de nenhum partido; concluindo-se dessa circunstância pela inoportunidade da reorganização partidária a que estamos servindo.

Essa opinião foi a mesma externada e largamente debatida nas assembléias que precederam a incorporação definitiva do Partido Republicano Federal, mas não se lhe reconheceu eficiência para determinar o adiamento da solução que a corrente oposta do sentimento de organização, partida do próprio seio da sociedade brasileira, impunha à deliberação dos que têm a responsabilidade do governo da República.

Em verdade, dentro mesmo da forma constitucional republicana, sem referirmo-nos sequer às aspirações monárquicas que não parecem destinadas a formar partido no Brasil, é incontestável que a tendência reformadora, no sentido parlamentarista, se manifesta com tal caráter de incorporação que a resistência conservadora que lhe é oposta veio encontrar, formados em torno da Constituição, não só aqueles que historicamente fazem questão capital do sistema presidencial por ela instituído, como também os que desejam concorrer com boa fé e patriotismo, para que tiremos do regime preferido a prova real da sua adaptação e da sua eficiência.

O Partido Republicano Federal tem as suas origens no antigo agrupamento que se formou com o manifesto de três de dezembro de mil oitocentos e setenta, e que por sua vez aparecerá como a continuação dos antecedentes e dos sucessos que assinalavam, no passado, a aspiração republicana entre os Brasileiros.

A revolução militar de mil oitocentos e oitenta e nove que destruiu o Império e proclamou a República, não foi senão a resultante do impulso dessa corrente que vinha de longe, e cuja intensidade se tornara evidente desde mil oitocentos e oitenta e um, época em que pela primeira vez os republicanos, após a reorganização generalizada do partido, pleiteavam as eleições gerais e provinciais em mais de uma província.

O Governo Provisório e a Constituinte reproduzem com fidelidade essa tradição ininterrupta, e na própria cisão operada entre o Presidente da República e o Congresso, se encontram os mesmos elementos históricos, formando a oposição parlamentar e a restauração constitucional de mil, oitocentos e noventa e um, que determinaram a atual situação.

E tal é a unidade de idéias, de sentimentos e de ação que tem presidido a essa elaboração lenta da política republicana de que pretendemos ser o órgão que a organização do nosso partido, reconduzindo os antigos elementos ao estado anterior do Partido Republicano Brasileiro, não foi mais do que a expressão da unidade política que presidiu a formação da República e deve ser o traço de união indissolúvel entre os Estados da Federação Brasileira.

Foram estes os fundamentos em que se apoiou a nossa atual reorganização partidária, em virtude dos quais e em execução das deliberações das assembléias que a constituíram, reuniu-se e funcionou regularmente a Convenção Provisória.

A ela concorreram as representações dos Estados de Goiás, Espírito Santo, Pará, Santa Catarina, Bahia, Paraná, Alagoas, São Paulo, Maranhão, Rio Grande do Norte, Pernambuco, Distrito Federal, Ceará e Piauí – faltando as delegações dos Estados do Amazonas, Rio de Janeiro, Sergipe, Minas Gerais, Paraíba do Norte, Mato Grosso e Rio Grande do Sul, que ainda não aderiram à Convenção pelos seus representantes federais.

Verificada assim a presença da maioria dos Estados, e informada a convenção por nossos amigos de que nas representações ausentes nenhuma oposição existia à reorganização do partido, como se havia operado, senão por motivos de outra ordem deixaram de comparecer, procedeu-se por escrutínio secreto à indicação das candidaturas presidenciais, apurando-se o seguinte resultado:

Para Presidente:

O Doutor Prudente José de Moraes Barros, senador pelo Estado de São Paulo, e advogado ali residente.

Para Vice-Presidente:

O Doutor Manoel Victorino Pereira, senador pelo Estado da Bahia, e médico ali residente.

São estes os cidadãos que a Convenção do Partido Republicano Federal se permite apresentar aos sufrágios de seus correligionários e dos seus concidadãos desprendidos de compromissos partidários e que desejarem concorrer para que a primeira eleição presidencial no Brasil se assinale tanto pelo maior concurso do eleitorado inscrito quanto pelo sentimento de tolerância, tão conforme ao adiantado estado de nossa civilização política.

São ambos dignos de ocuparem o elevado posto de Poder Executivo da União, são ambos capazes de se desempenharem com brilho dos graves deveres inerentes aos altos cargos, nos quais se concreta um dos poderes constitucionais da Nação e o mais exposto, entre todos os povos, aos azares da fortuna política; porquanto à conformidade de vistas com o nosso programa reúnem ambos a honorabilidade pessoal, o conhecimento da administração pública devotadamente às instituições e sobretudo o mais religioso respeito à Constituição e às leis da República.

Distrito Federal, em 25 de setembro de 1893

O Bonde Chegou ao Rio, Conta o *Diário de Notícias*

Nesses dias de noticiário em tempo real via Internet, é no mínimo curioso ler uma reportagem que começa assim: "Conforme haviamos noticiado realizou-se ante-hontem..." Realizou-se ante-hontem, assim mesmo, com hífen e h! Costumo atualizar a linguagem dos textos transcritos, mas acredito que está na hora de o leitor enfrentar o português dos velhos tempos, aqui intocado por "lição conservadora", como nos ensinou o mestre Antonio Houaiss.

O estudo do idioma pede, exige, na verdade, que tenhamos intimidade com seu passado. "Ah!, mas eu não vou fazer Filologia", é esfarrapada desculpa de tantos e tantos alunos de História, Geografia, Comunicação... como se precisássemos de alguma imposição curricular para conhecer um pouco dessa tão abandonada, desrespeitada língua portuguesa.

O texto a seguir é a cobertura jornalística de um acontecimento único na vida da então Capital da República, o Rio de Janeiro; afinal, o primeiro bonde elétrico fizera sua primeira viagem, o que aposentava a tração animal e colocava a cidade entre as mais modernas do mundo. É lógico que todos os jornais noticiaram evento de tamanha magnitude, mas escolhemos o texto do *Diário de Notícias*, fundado em 10 de junho de 1885. Dirigido por Ruy Barbosa, durou 10 anos (até 11 de novembro de 1895), viveu uma bela história republicana e apresentava boa linguagem jornalística, bem à feição de seu fundador, coisa rara numa época de farta licenciosidade estilística, se me faço entender pelo prezado leitor.

(O jornal que cobriu a festa do bonde nada tem a ver [além do título, obviamente] com o *Diário de Notícias*, de Orlando Dantas, que circulou neste século, entre 12 de junho de 1930 e 29 de outubro de 1976.)

10 DE OUTUBRO DE 1892

Conforme haviamos noticiado realizou-se ante-hontem, com a presença do sr. vice-presidente da Republica, do seu estado maior, de alguns ministros e representantes da imprensa, a experiencia da tracção electrica applicada nos bonds da Companhia Ferro Carril do Jardim Botanico, em a 1ª secção da mesma companhia, que comprehende a linha do Flamengo.

Á 1 hora, pouco mais ou menos, sahiram tres bem trabalhados e commodos bonds da frente do edificio do theatro Lyrico e cerca de 10 ou 12 minutos depois entraram nas officinas da companhia, á rua Dois de Dezembro, fazendo nesse periodo de tempo o percurso que, pela tracção animal, é feito em 25.

Apoz serem examinadas as officinas de electricidade, perfeitamente montadas, visitaram os convidados todas as officinas de ferreiro, corrieiro, carpinteiro, pintura e mais dependencias, officinas essas que occupam a extensa e vasta área de sete mil metros quadrados, em tudo notando-se o maior asseio, ordem e regularidade, que muito abonam os esforços empregados pelo actual gerente de tão importante empreza, que como era de prever, lutou com immensas difficuldades, por falta de pessoal idoneo habil para trabalhar com apparelhos electricos.

Nas referidas officinas vê-se grande numero de melhoramentos, ultimamente realizados pelo sr. dr. Cintra, que, tendo encontrado, quando tomou conta da gerencia da empreza, em serviço 76 carros, todos americanos, e a extensão das linhas de 38 kilometros, dotou-a já com 130 carros, por demais confortaveis, todos feitos nas officinas da companhia, sendo actualmente a extensão das linhas de 58 kilometros. A extensão dos fios conductores, segundo as informações que nos foram ministradas, é de 14 e meio kilometros, sendo o trecho da praia do Flamengo o mais accidentado da linha.

Depois de percorrido o estabelecimento, foi offerecido às pessoas presentes um esplendido lunch, no qual se fizeram muitos brindes, sendo o primeiro o do sr. coronel Malvino Reis, director da companhia, ao ministerio e á intendência. Em seguida foram saudados a directoria e o gerente da empreza.

O sr. ministro da marinha saudou a Republica dos Estados Unidos da America do Norte, sendo tambem cumprimentados o Congresso Nacional, o exercito, a armada e a imprensa. O brinde de honra foi erguido ao sr. marechal Floriano Peixoto, vice-presidente da Republica.

Tendo-se tornado justamente credora a directoria da companhia Jardim Botanico de justos encomios, por ter conseguido estabelecer a tracção electrica em os seus bonds, o que é um grande melhoramento, não podemos, applaudindo-a, esquecer o nome do seu digno gerente e sr. dr. Carlos Cintra, que foi um verdadeiro heróe nessa campanha, que teve ante-hontem os applausos de todos, e os dos seus dignos auxiliares, os engenheiros electricistas drs. James Mitchel e Antonio Chermont, que muito concorreram para que fosse levado a effeito tão brilhante commetimento.

Em alguns logares por onde passavam os bonds foram photographados, tendo-se-nos informado que as primeiras despezas feitas com a installação dos apparelhos, apezar das differenças de cambio, não chegaram a 200:000$000.

Durante o trajecto do bond inumeras pessoas agglomeravam-se nas ruas, justamente curiosas de apreciar o novo systema de tracção, que, de futuro, ha de ser applicado por força ás estradas de ferro.

Extraído do site de João Marcos Weguelin,
"O Rio de Janeiro Através dos Jornais":
www.uol.com.br/rionosjornais/rj04.htm

Os Trabalhadores do Brasil Ouviam a Arte do Discurso

Em meados de 1938, com o Estado Novo petreamente instalado e comunistas e integralistas derrotados (estes, em maio daquele ano), o fiel e gentil cavaleiro do getulismo, Lourival Fontes, procurou o maior editor brasileiro para uma conversa particular. José Olympio ouviu a proposta do criador do Departamento de Imprensa e Propaganda (DIP) e expôs seu deslumbramento neste texto: "Honrado com a escolha de minha Casa para editar a obra política do Senhor Presidente Getúlio Vargas, honra que Sua Excelência me conferiu [...], creio prestar ao País não pequeno serviço com esta publicação".

E assim vieram a lume os dois tomos de *A Nova Política do Brasil*, 454 páginas nas quais o ditador apresenta um resumo dos três primeiros anos de sua ascensão, entre 1930 e 1933. Tratava-se de uma espécie de prestação de contas que, embora tardia, justificava-se do ponto de vista político, pois reunia o ideário do Governo Provisório, base da coerência doutrinária que "explicaria" o golpe de 1937.

Puro *marketing*, que disso Lourival Fontes entendia muito bem, além de ser um escritor de texto límpido e donairoso, não tivesse sido ele autor de muitos e melhores discursos de Vargas. *A Nova Política* se auto-reverenciava exatamente na elegância do verbo, pois os dois tomos não agasalhavam artigos porém discursos – textos produzidos para o recitativo, a declamação. Getúlio Vargas não era um tribuno de escol, faltavam-lhe os vidrilhos, os paetês que só o improviso confere. A voz fanhosa, o rigoroso sotaque gaúcho não ajudavam o orador de papel, porém o que ele dizia o rádio levava aos confins e os jornais reproduziam.

Era imperioso que o texto fosse de primeira – e era.

É um trecho do discurso de Vargas no Dia da Imprensa, em 1931. Aqui, o chefe do Governo Provisório, no tom conciliatório que sempre foi sua marca como político, encanta os jornalistas pela verve estilosa de Lourival Fontes e até revela que também é um deles: "[...] Sinto prazer na vossa companhia, porque, também eu, em determinado período de minha vida pública, sem amor profissional, transformei-me, por julgar a Imprensa meio de ação eficaz, em jornalista de combate".

O Chefe promete "rever e consolidar, expurgando-a, a legislação vigente sobre delitos da imprensa" e anuncia a criação de uma Lei "que tornará efetiva mais uma conquista do pensamento liberal, que presidiu e orientou a campanha precursora do movimento de outubro".

Vargas se referia à Revolução vitoriosa no ano anterior. Dez anos mais tarde, sob as botinas do Estado Novo, essa conquista do pensamento liberal foi lançada a ferros e a censura e a polícia encamparam o jornal oposicionista *O Estado de S. Paulo*. Mas essa já é outra história.

A Boa Imprensa

Evidencia o alto espírito patriótico que nesta solenidade vos congrega o fato de procurardes associar o Chefe do Governo à vossa festa profissional, ainda comemorativa do dia anualmente consagrado à Imprensa. O jornalismo no Brasil, já centenário, formou-se com caráter periódico, nos pródromos das lutas pela Independência. Nasceu, pois, sob o influxo de um ideal de liberdade, para servir a uma grande causa. Criada a Pátria, tem acompanhado o evolver da nacionalidade, ininterruptamente propugnando por todas as nobres reivindicações populares. Para o advento de 7 de abril, primeira reação consciente de brasilidade, jornada que legitimou a Independência nacionalizando-a, a Imprensa cooperou com bravura. Colaboradora na vitória de todas as nossas cruzadas liberais, a ação que desenvolveu na campanha abolicionista teve o efeito de uma catapulta irresistível e demolidora, precipitando o 13 de maio. Assim foi, também, na proclamação da República. Assim tem sido sempre, no Brasil, a função do jornal: acompanhando com serenidade as vicissitudes da Nação, compartilhando, sem desesperança, da mágoa provocada pelos dias nefastos e vibrando de patriótico entusiasmo nas ocasiões de glória e de triunfo.

No período histórico atualmente vivido, em que se processou o maior movimento de opinião pública registrado nos nossos anais, foi culminante o papel do jornalismo nacional no preparo da campanha de reivindicações hoje triunfante. Com louvável desassombro, a imprensa periódica, no Brasil, clamou contra as injustiças que imperavam e apontou os erros e a incapacidade dos governantes, profligando-lhes os atentados e desmascarando-lhes a hipocrisia. Firme nessa orientação saneadora, transformou-se, aos poucos, em intérprete dos sentimentos cívicos da nacionalidade, na defesa dos paladinos da reação armada, cujo ideal exaltou e propagou apressando a maturidade do movimento revolucionário. Ao lado da que assim procedia, expressando fielmente os ímpetos populares, parasitava a imprensa sem opinião própria, subvencionada pelo Governo para agredir ou elogiar, conforme a palavra de ordem recebida. Esta, sem exagero, chamada mercenária, desapareceu com a vitória da Revolução. Hoje, o Governo não subvenciona jornais, não tem imprensa oficiosa. Nenhuma relação de dependência mútua os subordina. Podem ambos, portanto, falar com a maior franqueza. O juízo que um faça do outro vem isento da eiva de elogio encomendado. Certo ou errôneo, ele reflete opinião espontânea e desinteressada.

Reconhecido o valor do trabalho esforçado da boa imprensa pela causa revolucionária, cumpre-lhe, agora, colaborar sinceramente na obra de reconstrução iniciada, fiscalizando-a com superioridade, porém auxiliando-a com esclarecido patriotismo. A agressão pessoal, a intriga e o boato devem ser repudiados como elementos dissolventes da ação jornalística, e banida, como estéril, a crítica puramente negativa. Obscurecer os benefícios da Revolução ocultando-lhe os resultados profícuos ou silenciando sobre as conquistas realizadas, é atentar contra a verdade dos fatos. Ouso afirmar de consciência tranqüila e com absoluta serenidade: os homens que a Revolução elevou às altas funções do Governo têm servido ao Brasil com lealdade e desinteresse, pelo exclusivo dever de servi-lo, nada lhes importando desagradar a indivíduos, pois os grandes problemas nacionais que procuram resolver são, de sua natureza, impessoais.

A Lei de Imprensa

O cargo que ocupamos é um mandato da Revolução. Nós o deslustraríamos se procurássemos reincidir nos erros da velha política, visando organizar, em proveito próprio, clientelas partidárias, para voltarmos ao regime dos conúbios escusos, das trapaças eleitorais, da administração em família, esquecidos dos nobres objetivos que nos alentaram em momentos de incerteza e dos puros ideais que nos serviram de bandeira. Foi com desvanecimento que atendi ao vosso convite e sinto prazer na vossa companhia, porque, também eu, em determinado período da minha vida pública, sem amor profissional, transformei-me, por julgar a Imprensa meio de ação eficaz, em jornalista de combate. Se isso não fosse suficiente para demonstrar-vos o meu apreço, lembraria, no momento, o interesse com que acolhi o vosso apelo para rever e consolidar, expurgando-a, a legislação vigente sobre delitos de imprensa.

O projeto, elaborado com esse fim, já se acha publicado para receber sugestões. Transformado em lei, tornará efetiva mais uma conquista do pensamento liberal, que presidiu e orientou a campanha precursora do movimento de outubro. Julgo conveniente, mais uma vez, repetir que a Revolução foi, sobretudo, um protesto generalizado contra o abastardamento do regime, contra a maneira oficial, incorrigível propagadora de falsidade e criadora de aparências; contra a requintada hipocrisia política gerando, fatalmente, a ruína financeira e o descalabro econômico, desastres suficientes para acelerar a marcha do país à inevitável bancarrota; contra, finalmente, os grupos de apaniguados que, usurpando o nome de partidos políticos, sobrepunham os seus interesses aos interesses vitais da Pátria. Tarefa ingente, que tem absorvido ao Governo Provisório preciosas energias, é a do saneamento moral das normas administrativas, dependente da extirpação difícil de perniciosos e inveterados hábitos. Para levá-la a cabo, não bastam os aparelhos comuns de justiça. Torna-se necessário manter, embora simplificados, os tribunais de exceção já instituídos, conferindo-lhes o poder de julgar e executar, com o máximo rigor, as medidas de moralização ditadas pelos seus juízes, sobretudo quando se tiver em vista a restituição dos dinheiros públicos criminosamente desviados. As suas decisões serão atos sumários, de execução imediata, de natureza especial, mais de ordem administrativa que judiciária, não comportando, por isso, as delongas, protelações e incidentes dos processos comuns. O falseamento do voto, as espoliações praticadas pelos ex-congressistas e todos os atentados puramente eleitorais, aos quais cabe a denominação genérica de delitos políticos, já receberam punição indireta. A Revolução passou sobre eles como flama purificadora e castigo exemplar. Esta grande obra de moralidade social, em que nos empenhamos, tornar-se-á, no entanto, improfícua se não tiver a força de criar uma mentalidade nova e sadia, incapaz de amoldar-se, sem resistência e revolta, à prática renovada dos antigos vícios, dos erros e costumes condenáveis, principais instigadores dos últimos acontecimentos.

Título	Túnel do Tempo
Autor	José Sebastião Witter
Produção Editorial	Aline Sato
Projeto Gráfico	Leonardo Pascoal
Capa	Tomás B. Martins
Editoração Eletrônica	Amanda E. de Almeida e Leonardo Pascoal
Revisão	Geraldo Gerson de Souza
Formato	14 x 21 cm
Tipologia	Agaramond
Papel	Pólen Soft 80 g/m^2 (miolo) Cartão Supremo 250 g/m^2 (capa)
Número de Páginas	125
Impressão e Acabamento	Bartira Gráfica